Erweitertes
Basisvokabular
nach
Wortfamilien

C. C. Buchner

adeo.Wortkunde

Herausgegeben von Clement Utz,

erarbeitet von Andrea Kammerer, Clement Utz und Gregor Utz,

unter Mitarbeit von Katharina Börner, Wolfgang Freytag, Friedrich Heberlein und Klaus-Dieter Krüger.

2. Auflage, 1. Druck 2015
Alle Drucke dieser Auflage sind, weil unverändert, nebeneinander benutzbar.

© 2010 C. C. Buchner Verlag, Bamberg
Das Werk und seine Teile sind urheberrechtlich geschützt. Jede Nutzung in anderen als den gesetzlich zugelassenen Fällen bedarf der vorherigen schriftlichen Einwilligung des Verlages. Das gilt insbesondere auch für Vervielfältigungen, Übersetzungen und Mikroverfilmungen. Hinweis zu § 52 a UrhG: Weder das Werk noch seine Teile dürfen ohne eine solche Einwilligung eingescannt und in ein Netzwerk eingestellt werden. Dies gilt auch für Intranets von Schulen und sonstigen Bildungseinrichtungen.

Lektorat: Bernd Weber
Grafik und Satz: Artbox, Bremen
Druck und Bindung: Pustet, Regensburg

www.ccbuchner.de

ISBN 978-3-7661-**5273**-2

Inhalt

Liebe Schülerinnen und Schüler 4

Erweitertes Basisvokabular nach Wortfamilien 8

Wichtige Regeln zur Wortbildung 166

Grundlagen der Wortkunde 168

Alphabetisches Register 172

Abkürzungsverzeichnis

Abl.	Ablativ	*Imp.*	Imperativ	*n*	neutrum		
AcI	Akkusativ mit Infinitiv	*indekl.*	indeklinabel	*örtl.*	örtlich		
Adj.	Adjektiv	*indir.*	indirekt	*PPP*	Partizip Perfekt Passiv		
adj.	adjektivisch	*Ind.*	Indikativ	*Pass.*	Passiv		
Adv.	Adverb	*Inf.*	Infinitiv	*Perf.*	Perfekt		
Akk.	Akkusativ	*jd.*	jemand	*Pl.*	Plural		
Akt.	Aktiv	*jdm.*	jemandem	*Präp.*	Präposition		
Dat.	Dativ	*jdn.*	jemanden	*Ps.*	Person		
dir.	direkt	*intrans.*	intransitiv	*s.*	spanisch		
dopp.	doppelt	*Kj.*	Konjunktion	*Sg.*	Singular		
e.	englisch	*Komp.*	Komparativ	*Subj.*	Subjunktion		
etw.	etwas	*Konj.*	Konjunktiv	*Subst.*	Substantiv		
f	feminin	*m*	maskulin	*subst.*	substantivisch		
f.	französisch	*m.*	mit	*trans.*	transitiv		
Gen.	Genitiv	*milit.*	militärisch	*zeitl.*	zeitlich		
i.	italienisch	*Nom.*	Nominativ				

Autorenkürzel

C	Cäsar	**K**	Komödie	**Ph**	Phädrus
Ca	Catull	**M**	Martial	**Pl**	Plinius d. J.
Ci	Cicero	**N**	Nepos		
G	Gellius	**O**	Ovid		

Liebe Schülerinnen und Schüler!

Die **adeo.Wortkunde** soll euch im lateinischen Lektüreunterricht der Mittelstufe (G8) bzw. Sekundarstufe I begleiten. Sie enthält zunächst den Grundwortschatz, wie er euch von der Lehrbucharbeit her bekannt sein sollte. Darüber hinaus findet ihr hier – zur Erweiterung eures Wortschatzes – Vokabeln, die für mindestens zwei Autoren, die euch begegnen, wichtig sind.

Die Doppelseiten der **adeo.Wortkunde** sind folgendermaßen angelegt:

In der **ersten Spalte** findet ihr die durchnummerierten lateinischen Wörter; sie sind nach **Wortfamilien** gruppiert, d. h. die einzelnen Vokabeln stehen jeweils unter einem Leitwort (das ist das erstgenannte Wort einer Wortfamilie): Von diesem können die einzelnen Vokabeln abgeleitet werden, dessen sprachlicher „Familie" sind sie zuzuordnen. Die Leitwörter sind alphabetisch angeordnet.
Im Blaudruck stehen die 500 häufigsten Vokabeln, im **schwarzen Fettdruck** die weiteren ca. 750 Wörter des Basisvokabulars, im schwarzen Normaldruck die ca. 350 Vokabeln des Erweiterungsvokabulars.

In der **zweiten Spalte** sind verschiedene grammatische Eigenschaften (z. B. Genitiv, Geschlecht, Wortart, Kasusrektion, Stammformen) der Wörter zusammengestellt, die ihr so in einem eigenen Arbeitsgang abdecken und lernen könnt. Damit sich die Verben leichter der jeweiligen Konjugationsklasse zuordnen lassen, steht hier auch immer die 1. Person Singular des Indikativ Präsens. Wenn nach einem Wort regelmäßig ein bestimmter Kasus steht, ist dieser ohne Klammern angegeben; wenn der Kasus eingeklammert ist, kann das Wort auch ohne diese Ergänzung stehen. Auf einige euch ganz geläufige Angaben wurde verzichtet:
- das Geschlecht bei den Feminina der a-Deklination (z. B. **amicitia**) sowie bei den Maskulina (z. B. **animus**) und den Neutra (z. B. **argentum**) der o-Deklination,
- die Perfekt- und PPP-Formen bei den Verben der a-Konjugation mit v-Perfekt (z. B. **accūsāre**) und der e-Konjugation mit u-Perfekt (z. B. **tacēre**).

30 **ūtī**	**ūtor, ūsus sum** m. Abl.	benutzen, gebrauchen		e. to use, f. user, i. usare, s. usar
31 **ūtilis**	**ūtile**	nützlich		f./i. utile, s. útil
32 **ūtilitās**	**ūtilitātis** f	Nutzen, Vorteil	Ci, N	e. utility, f. utilité
33 **ūsus**	**ūsūs** m	Nutzen, Benutzung, Erfahrung		Usus, e. use, useful, f. usage, i./s. usc

In der **dritten Spalte** stehen – oft in alphabetischer Reihenfolge – die deutschen Bedeutungen. Bei unterschiedlichen grammatischen Eigenschaften (z. B. Kasusrektionen) sind eigene Ziffern vergeben.

In der **vierten Spalte** sind für die Wörter des Erweiterungsvokabulars (Normaldruck) die lateinischen Autoren vermerkt, bei denen das jeweilige Wort wichtig ist:
Cäsar, **Ca**tull, **Ci**cero, **G**ellius, **K**omödie, **M**artial, **N**epos, **O**vid, **Ph**ädrus, **Pl**inius d. J.

In der **fünften Spalte** finden sich Fremdwörter, Fachausdrücke und Vokabeln aus den modernen Fremdsprachen, die auf das jeweilige lateinische Wort zurückgehen. Diese Angaben könnt ihr als Lernhilfe nutzen – oder euch auf diese Weise exemplarisch über das Weiterleben des Lateinischen informieren.

In einer **sechsten Spalte** (ganz rechts) sind sog. Minikontexte zusammengestellt; das sind kurze Sätze und Wendungen, die grammatische Eigenschaften oder verschiedene Bedeutungen einzelner Wörter im Kontext zeigen. Diese Minikontexte sind auf die Texte, die euch im Unterricht begegnen, abgestimmt (vgl. S. 168 ff.). Manchmal finden sich hier auch sprichwörtliche Wendungen und Sätze; soweit sie auf antike Autoren zurückgehen, werden diese namentlich genannt
Die Wörter, um deren Bedeutung es in einem Minikontext geht, sind rot gedruckt; zum leichteren Auffinden ist zusätzlich die Ziffer des jeweiligen Wortes vermerkt.

Wie sollt ihr nun mit dieser Wortkunde arbeiten?

Grundsätzlich könnt ihr den euch bekannten **Grundwortschatz wiederholen** und / oder **neue**, für die Originallektüre hilfreiche **Vokabeln lernen**.
Dabei solltet ihr euch die folgenden Prinzipien des Erlernens und Wiederholens zunutze machen:

Beim **Wörterlernen** solltet ihr

- immer versuchen, **an Bekanntes anzuknüpfen**: Dies gelingt mit dieser Wortkunde leicht, da die Vokabeln in ihrer jeweiligen **Wortfamilie** vorgestellt werden. Weitere Anknüpfungsmöglichkeiten bieten euch **Lehn- und Fremdwörter** sowie Vokabeln aus modernen **Fremdsprachen** (fünfte Spalte) oder auch selbst erfundene Eselsbrücken.
- **Kontexte herstellen**: Hier können euch die Wendungen der sechsten Spalte helfen, besonders dann, wenn eine Vokabel verschiedene Bedeutungen hat oder einen vom Deutschen abweichenden Satzbauplan nach sich zieht (z. B. consulere, C 119–121).
- die **Regeln der Wortbildung anwenden**: Auf S. 166 f. sind die wichtigsten Regeln zusammengefasst. Wenn ihr z. B. die Bedeutung eines Präfixes kennt, könnt ihr auch die Bedeutung eines Wortes aus einer bestimmten Wortfamilie leicht erschließen.

Beim **Wörterwiederholen** solltet ihr

- beachten, dass **nicht gewusste Vokabeln markiert oder aussortiert** werden müssen. Am besten schreibt ihr sie heraus, z. B. in ein eigens dafür angelegtes Vokabelheft, und lernt sie erneut.
- die **Erkenntnisse der Lernpsychologie beachten**: Erst wenn man ein Wort nach der fünften Wiederholung noch beherrscht, kann man sicher sein, dass es im Gedächtnis langfristig verankert ist. Sinnvoll sind deshalb fünf Wiederholungen in immer größeren Zeitabständen.

Konkret habt ihr nun die folgenden Möglichkeiten:

1. alle Wörter und Minikontexte:
Nehmt euch ein tägliches Pensum, z. B. eine Doppelseite, vor und arbeitet alle Vokabeln und alle Minikontexte durch. Nicht gewusste Wörter werden aussortiert und wie beschrieben wiederholt.

2. die 500 häufigsten Wörter (oder: die Wörter des Basisvokabulars):
Wenn ihr größere Lücken feststellt, könnt ihr in einem Durchgang zunächst die 500 häufigsten Wörter (**Blaudruck**) und / oder alle weiteren Wörter des Basisvokabulars (**schwarzer Fettdruck**) wiederholen; damit sind immerhin 83 % aller lateinischen Texte erfasst.

3. die 350 Wörter des Erweiterungsvokabulars:
Konzentriert euch bei einem Durchgang auf die normal gedruckten Vokabeln und prägt sie euch mit Hilfe der jeweiligen Wortfamilie ein. Da ihr die meisten dieser Wörter von der Lehrbucharbeit her nicht kennt, solltet ihr einen zweiten Durchgang anschließen und dann bei nicht gewussten Vokabeln wie unter 1. verfahren.

4. alle Minikontexte:
Ruft euch zunächst die gelernten Bedeutungen der **rot** gedruckten Wörter ins Gedächtnis und versucht dann, die Wendung bzw. den Satz zu übersetzen; manchmal ist hier eine freiere Wiedergabe im Deutschen nötig. Viele Wendungen ermöglichen es euch sogar, wichtige Grammatikphänomene zu wiederholen.

5. das Erweiterungsvokabular nach Autoren:
Mit Hilfe der vierten Spalte (Autorenkürzel) könnt ihr diejenigen Wörter lernen, die für einen in der Schule gelesenen Autor wichtig sind. Wiederholt dabei in jedem Fall auch die Vokabeln der jeweiligen Wortfamilien und die zugehörigen Minikontexte.

Beachtet bei der Suche nach einzelnen Wörtern in der Wortkunde:
Den Fundort von Vokabeln, deren Wortfamilie ihr nicht kennt, könnt ihr über das alphabetische Register ermitteln, in dem alle Wörter in alphabetischer Reihenfolge aufgelistet sind.

Wenn ihr weitere Informationen zu den Grundlagen dieser Wortkunde haben wollt, könnt ihr auf den Seiten 168 ff. nachschlagen.
Wir wünschen euch viel Erfolg beim Arbeiten mit dieser Wortkunde!

A

1	ā/ab	*Präp. m. Abl.*	von, von her
2	accendere	accendō, accendī, accēnsum	anfeuern, anzünden
3	incendere	incendō, incendī, incēnsum	entflammen, in Brand stecken
4	incendium	incendiī	Brand, Feuer
5	ācer	ācris, ācre	energisch, heftig, scharf
6	aciēs	aciēī *f*	Schlachtordnung; Schärfe
7	acerbus	acerba, acerbum	bitter, grausam, rücksichtslos
8	ad	*Präp. m. Akk.*	an, bei, nach, zu
9	atque/ac	*Kj.*	und, und auch
10		*im Vergleich*	wie, als
11	aedis	aedis *f* (*Gen. Pl.* -ium)	Tempel
12	aedēs	aedium *f Pl.*	Haus
13	aedificāre	aedificō	bauen
14	aedificium	aedificiī	Gebäude
15	aestās	aestātis *f*	Sommer
16	aestus	aestūs *m*	Flut, Hitze
17	aegrē	*Adv.*	kaum, mit Mühe, widerwillig; ärgerlich, schmerzlich
18	aequus	aequa, aequum	eben, gerecht, gleich
19	inīquus	inīqua, inīquum	ungerecht, ungleich
20	aequāre	aequō *m. Akk.*	erreichen, jdm. gleichkommen
21		*m. Dat.*	auf gleiche Stufe stellen (mit)
22	aequor	aequoris *n*	Ebene, Fläche, Meer
23	āēr	āeris *m*	Luft

	ab urbe 1 von der Stadt (her) **a** patre laudari vom Vater gelobt werden
i. accendere f. incendier, s. incendiar f. incendie, i./s. incendio	
	Ac Titus ridet. 9 **Atque** Titus ridet. Und auch Titus lacht.
e. eager, s. agrio	
	Titus alius est **ac** ceteri amici. 10 Titus ist anders als die übrigen Freunde.
e. at, f. à, i./s. a	**aedis** Vestae 11 der Vestatempel
	aedes Claudii 12 das Haus des Claudius
s. edificiar e. edifice, f. édifice, i./s. edificio f. été, i. estate	**Aegre** est. 17 Es tut weh. **Aegre** fero. Ich empfinde Kummer. Ich ärgere mich. **Aegre** patior. Es beunruhigt mich. **Aegre** sitim patior. Ich ertrage den Durst kaum. Is unam urbem resistere **aegre** ferebat. Er ertrug es kaum (kam nicht damit zurecht), dass eine Stadt Widerstand leistete.
C, K	
Äquator, eichen, äquivalent	
Ci, O Äquator	
	cursum equorum aequare 20 dem Lauf (Tempo) der Pferde gleichkommen, die Pferde einholen
Malaria, e./f. air, i. aria, s. aire	
	se deis aequare 21 sich mit den Göttern auf gleiche Stufe stellen

A

24	aes	aeris n	Erz, Geld
25	aes aliēnum	aeris aliēnī n	Schulden
26	aēneus	aēnea, aēneum	aus Erz (gemacht)
27	aestimāre	aestimō	einschätzen, beurteilen
28	exīstimāre	exīstimō	einschätzen, meinen

29	aetās	aetātis f	Lebensalter, Zeitalter, Zeit
30	aeternus	aeterna, aeternum	ewig

31	aether	aetheris m (Akk. Sg. aethera)	Himmelsraum
32	aetherius	aetheria, aetherium	himmlisch, des Himmels

33	ager	agrī m	Acker, Feld, Gebiet

34	agere	agō, ēgī, āctum	handeln, treiben, verhandeln
35	age!	Imp.	los! auf! nun, also
36	igitur	Adv.	also, folglich
37	cōgere	cōgō, coēgī, coāctum	(ver)sammeln, zwingen
38	exigere	exigō, exēgī, exāctum	(ein)fordern, vollenden
39	peragere	peragō, perēgī, perāctum	(durch)leben, durchführen, ausführen, vollenden
40	āctiō	āctiōnis f	Tätigkeit, Gerichtsverhandlung, Rede
41	agmen	agminis n	Heereszug
42	agitāre	agitō	betreiben, überlegen
43	cōgitāre	cōgitō	denken, beabsichtigen

44	aggredī	aggredior, aggressus sum	angreifen, herangehen
45	congredī	congredior, congressus sum	zusammentreffen, kämpfen
46	ēgredī	ēgredior, ēgressus sum	herausgehen, verlassen
47	ingredī	ingredior, ingressus sum	betreten, beginnen
48	prōgredī	prōgredior, prōgressus sum	vorrücken, weitergehen

49	agnus	agnī	Lamm, Schaf

	e. ore	
Ci, N		
	e. to estimate, f. estimer, i. stimare	

Hunc librum utilem aestimo. 27
Ich halte dieses Buch für nützlich.

Itaque hunc librum magni aestimo.
Deshalb schätze ich dieses Buch sehr.

	e. age, f. âge, i. età
	e. eternal, f. éternel
Ci, O	Äther
Ci, O	ätherisch

sedes aetheriae 32
der Sitz im Himmel

Iuppiter arces aetherias temperat.
Jupiter herrscht im Himmel.

	Agrar
	Akte, Aktie, aktiv, aktuell, re-agieren
Ci, K	

vitam agere 34
das (ein) Leben führen

ferre atque agere
rauben und plündern

pacem agere
den Frieden halten

	exakt, f. exiger, s. exigir
O, Pl	
	Aktion, Re-aktion, e./f. action
	Agitation, e. to agitate, f. agiter

Milites unum in locum coguntur. 37
Die Soldaten werden an einer Stelle versammelt.

Milites coguntur, ut impetum faciant.
Die Soldaten werden gezwungen anzugreifen.

Nullo cogente huc reverti.
Ohne Zwang bin ich hierher zurückgekehrt.

	aggressiv, Aggression
C, G, N	Kongress
	Ingredienz, s. ingresar
	progressiv, e. progress, i. progredire
K, Ph	Agnus Dei, f. agneau, i. agnello

annos peragere 39
die Jahre verbringen

rem peragere
die Angelegenheit zu Ende bringen

mollia otia peragere
in angenehmer Ruhe leben

Bene vivere cogito. 43
Ich beabsichtige, gut zu leben.

De vita beata cogito.
Ich denke über das glückliche Leben nach.

50	āiō	3. Pers. Sg. āit, 3. Pers. Pl. āiunt	behaupte(te) ich, sag(t)e ich
51	alere	alō, aluī, altum	ernähren, großziehen
52	altus	alta, altum	hoch, tief
53	adulēscēns	adulēscentis	jung
54		Subst.	junger Mann
55	adulēscentia	adulēscentiae	Jugend(alter)
56	alius	alia, aliud	ein anderer
		(Gen. alterīus, Dat. alterī)	
57	alius ... alius		der eine ... der andere
58	aliter	Adv.	anders; sonst
59	aliēnus	aliēna, aliēnum	fremd; feindselig; unpassend
60	alter	altera, alterum	der eine / der andere (von zweien)
		(Gen. alterīus, Dat. alterī)	
61	amāre	amō	lieben
62	amor	amōris m	Liebe
63	amīcus	amīcī	Freund, politischer Anhänger
64	amīca	amīcae	Freundin, Geliebte
65	inimīcus	inimīca, inimīcum	feindlich
66		Subst.	Feind
67	amīcitia	amīcitiae	Freundschaft
68	ambō	ambae, ambō	beide (zusammen)
69	amnis	amnis m	Fluss, Strom
70	amplus	ampla, amplum	bedeutend, groß, weit
71	amplitūdō	amplitūdinis f	Größe, Umfang; Ansehen
72	an	im direkten Fragesatz	oder (etwa)
73		im indirekten Fragesatz	ob (nicht); ... oder

	„Alete", Eltern, Alimente, s. alimentar
	Alt, Altar, f. haut, i./s. alto
	e./f. adolescent, i./s. adolescente
K, N	e./f. adolescence, s. adolescencia
	e. else
	Alien, e. alien
	altruistisch, Alternative, f. autre
	Amateur, f. aimer, i. amare, s. amar
	f. amour, i. amore, s. amor
	f. ami, i. amico, s. amigo
Ca, M	f. amie, i. amica, s. amiga
	e. enemy, f. ennemi, s. enemigo
	f. amitié, i. amicizia, s. amistad
	s. ambos
Ca, O	
	e./f. ample, i. ampio, s. ancho
Ci, Pl	Amplitude

arbor alta — 52
ein hoher Baum

Iuppiter altus
der erhabene Jupiter

flumen altum
ein tiefer Fluss

studia alta
gründliche Studien

ab adulescentia — 55
von Jugend an

vitia ineuntis adulescentiae
die Fehler zu Beginn der Jugend (Nepos)

Alius alio more vivit. — 56
Jeder lebt auf seine Weise.

Nihil aliud nisi hoc dixi.
Nur dies habe ich gesagt.

aliter ac tu — 58
anders als du

domus ampla — 70
ein geräumiges Haus

homo amplus
ein bedeutender Mensch

nihil amplius petere
nichts weiter verlangen

An dubitas? — 72
Oder zögerst du etwa?

Quaere e Claudia, an veniat! — 73
Frag Claudia, ob sie kommt!

Interrogo, paucane an multa vocabula sciatis.
Ich frage, ob ihr wenig oder viele Vokabeln wisst.

74	**angustus**	**angusta, angustum**	eng, schwierig
75	**animus**	**animī**	Geist, Gesinnung, Mut
76	**anima**	**animae**	Atem, Leben, Seele
77	**annus**	**annī**	Jahr
78	**ante**	*Adv.*	vorher
79		*Präp. m. Akk.*	vor
80	**anteā**	*Adv.*	vorher, früher
81	**antīquus**	**antīqua, antīquum**	alt, altertümlich
82	**anus**	**anūs** *f*	alte Frau
83	**aperīre**	**aperiō, aperuī, apertum**	öffnen, aufdecken
84	**apertus**	**aperta, apertum**	offen, offenkundig
85	**apud**	*Präp. m. Akk.*	bei, nahe bei
86	**aqua**	**aquae**	Wasser
87	**arbitrārī**	**arbitror, arbitrātus sum**	glauben, meinen
88	**arbor**	**arboris** *f*	Baum
89	**arcessere**	**arcessō, arcessīvī, arcessītum**	herbeirufen, holen
90	**arcus**	**arcūs** *m*	Bogen
91	**ārdēre**	**ārdeō, ārsī, ārsūrum**	brennen
92	**āridus**	**ārida, āridum**	trocken
93	**āra**	**ārae**	Altar
94	**argentum**	**argentī**	Silber

	Angina	
	Animosität, animieren, reanimieren f. âme, i. anima	
	Annuität, Anno Domini, f. an /année	
	f. avant (zeitl.), devant (örtl.)	
	antik, Antiquität, e./f. antique	
	f. ouvrir, i. aprire, s. abrir f. ouvert, i. aperto, s. abierto	
	Aquarium, Aquädukt	
	f. arbre, i. albero, s. árbol	
O, Ph	Arkade, f. arc, i. arco	
	s. ardiente	
Ca, O	Alt-ar	
	Argentinien, f. argent, i. argento	

bono animo esse — 75
guten Mutes sein, zuversichtlich sein

in animo habere
im Sinn haben, beabsichtigen

animo meo
meiner Ansicht nach

hoc animo
in der Überzeugung (Absicht)

ex animo
aufrichtig

eo anno — 77
in diesem Jahr

puer novem annorum
ein neunjähriger Junge

paulo ante(a) — 78.80
ein wenig vorher, etwas eher

ante portas — 79
vor den Toren

ante cenam
vor dem Essen

Titum amicum arbitrari — 87
Titus für einen Freund halten

Domus ardet. — 91
Das Haus brennt.

Oculi ardent.
Die Augen funkeln.

ira ardere
zornentbrannt sein

in virgine ardere
in ein Mädchen heiß verliebt sein

95	**arma**	**armōrum** *n Pl.*	Waffen, Gerät
96	**armātus**	**armāta, armātum**	bewaffnet
97	**ars**	**artis** *f* (*Gen. Pl.* **-ium**)	Kunst, Eigenschaft, Fertigkeit
98	artus	artūs *m*	Glied
99	**arx**	**arcis** *f*	Burg
100	ascendere	ascendō, ascendī, ascēnsum	besteigen, hinaufsteigen (zu)
101	**dēscendere**	**dēscendō, dēscendī, dēscēnsum**	herabsteigen
102	asinus	asinī	Esel
103	**asper**	**aspera, asperum**	rau, streng
104	astrum	astrī	Stern
105	**at**	*Kj.*	aber, dagegen, jedoch
106	**et**	*Kj.*	und, auch
107	**et ... et**	*Kj.*	sowohl ... als auch
108	**āter**	**ātra, ātrum**	schwarz, düster
109	ātrium	ātriī	Halle
110	**audēre**	**audeō, ausus sum**	wagen
111	**audācia**	**audāciae**	Frechheit, Kühnheit
112	avidus	avida, avidum (*m. Gen.*)	(be)gierig (nach), geizig
113	**avāritia**	**avāritiae**	Geiz, Habsucht
114	**audīre**	**audiō, audīvī, audītum**	hören
115	**auris**	**auris** *f* (*Gen. Pl.* **-ium**)	Ohr
116	auscultāre	auscultō	zuhören, gehorchen

	Armee, Armatur, e. army, f. armée	**ars** dicendi	97
		Redekunst, Rhetorik	
	Artist, e./f. art, i./s. arte	**ars** amandi (amatoria)	
Ca, O	Artikel	Liebeskunst (Ovid)	
		arte canere	
		kunstvoll singen (dichten)	
N, Pl	Aszendent, f. ascenseur	**artes** bonae malaeque	
	f. descendre	gute und schlechte Eigenschaften	
K, Ph	e. ass, f. âne, i. àsino	Currum **ascendo**.	100
		Ich steige in den Wagen ein.	
	s. áspero	Navem **ascendo**.	
		Ich besteige das Schiff (gehe an Bord).	
Ci, O	Astronomie, Astrologie	Locum **ascendi**, ex quo oppidum illud maxime conspici poterat.	
		Ich stieg zu einem Ort hinauf, von dem aus man jene Stadt besonders gut sehen konnte.	
	f. et, i./s. e	(ex) equo **descendere**	101
		vom Pferd herabsteigen	
		(de / a) caelo **descendere**	
		vom Himmel herabsteigen	
O, Pl	Atrium	in forum **descendere**	
		(von den höher gelegenen Wohngegenden) aufs Forum gehen	
	f. oser, s. osar	per aspera ad **astra**	104
	e. audacity	über raue (Wege) zu den Sternen	
K, O, Ph	e. avid, s. ávido	Et patrem et filium cognovi.	107
	s. avaricia	Ich kenne sowohl den Vater als auch den Sohn.	
		Vos et moneo et hortor.	
	Audienz, Auditorium, „Audi"	Ich ermahne euch und fordere euch auf.	
	e. ear, f. oreille, i. orecchio	gloriae **avidus**	112
Ca, K	i. ascoltare	begierig nach Ruhm, ruhmsüchtig	
		Ausculta mihi!	116
		Hör auf mich!	

A

117	**augēre**	**augeō, auxī, auctum**	vergrößern, vermehren
118	**auctor**	**auctōris** *m*	Anführer, Gründer, Ratgeber, Verfasser
119	**auctōritās**	**auctōritātis** *f*	Ansehen, Einfluss, Macht
120	**auxilium**	**auxiliī**	Hilfe
121	**auxilia**	**auxiliōrum** *Pl.*	Hilfstruppen
122	**aura**	**aurae**	Luft, Gunst
123	**aurum**	**aurī**	Gold
124	**aureus**	**aurea, aureum**	golden, aus Gold
125	**aut**	*Kj.*	oder
126	**aut ... aut**	*Kj.*	entweder ... oder
127	**autem**	*Kj. (nachgestellt)*	aber, andererseits
128	avis	avis *f* (*Gen. Pl.* -ium)	Vogel
129	auspicium	auspiciī	Vorzeichen; Leitung, Wille
130	**avus**	**avī**	Großvater
131	avunculus	avunculī	Onkel

	Auktion	
	Autor, e. author, f. auteur, i. autore	
	Autoriät, e. authority, f. autorité	
	e. auxiliary, s. auxilio	
	Aura, f. orage	
	Eldorado, f. or, i./s. oro	
G, O	f. oiseau, i. uccello, s. ave	
Ci, O	Auspizien	
K, Pl	f. oncle	

muros augere — 117
die Mauern vergrößern (erweitern)

rem augere
sein Vermögen vermehren

rem publicam augere
den Staat fördern

suspicionem augere
den Verdacht nähren

urbs omnibus rebus aucta et ornata
eine mit allen Gütern überhäufte Stadt

Caesare auctore — 118
auf Veranlassung Cäsars

Auctoritas tua multum apud me valet. — 119
Du hast großen Einfluss auf mich.

Auctoritate amici permotus munus suscipio.
Auf den Einfluss meines Freundes hin übernehme ich die Aufgabe.

amico auxilio esse — 120
dem Freund helfen (beistehen)

amico auxilio venire
dem Freund zu Hilfe kommen

milites auxilio mittere
Soldaten zu Hilfe schicken

ab amicis auxilium petere
die Freunde um Hilfe bitten

auxilia exspectare — 121
auf die Hilfstruppen warten

aura plebis — 122
die Gunst des Volkes

Puellae rident, pueri autem tacent. — 127
Die Mädchen lachen,
die Jungen aber schweigen.

B

1	bal(i)neum	bal(i)neī	Bad
2	**barbarus**	**barbara, barbarum**	ausländisch, unzivilisiert
3		*Subst.*	Barbar
4	bāsium	bāsiī	Kuss
5	**beātus**	**beāta, beātum**	glücklich, reich
6	**bellum**	**bellī**	Krieg
7	bellus	bella, bellum	fein, schön, hübsch
8	**bibere**	**bibō, bibī**	trinken
9	blandus	blanda, blandum	schmeichelnd, schmeichelhaft
10	**bonus**	**bona, bonum**	gut
11	**bonum**	**bonī**	das Gut(e)
12	**bene**	*Adv.*	gut
13	**beneficium**	**beneficiī**	Wohltat
14	**bōs**	**bovis** *m/f*	Kuh, Ochse, Rind
15	**brevis**	**breve**	kurz
16	**brevī**	(tempore)	nach kurzer Zeit, bald (darauf)
17	brevitās	brevitātis *f*	Kürze

M, Pl		**servi barbari** 2 Sklaven aus dem Ausland
	e. barbarian, f. barbare	**in-humanus et barbarus** völlig ungebildet
		barbare loqui fehlerhaft (Latein) sprechen
Ca, M	f. baiser	
	Beate, i./s. beato	**Videamus, qui dicendi sint beati!** 5 Lasst uns sehen, wer als glücklich zu bezeichnen ist! (Cicero)
	Duell	**mulier beata ac nobilis** eine wohlhabende, vornehme Frau
Ca, M	f. bel, i. bello	
	f. boire, i. bere, s. beber	**bellum movere** 6 Krieg verursachen
K, O		**bellum parare** zum Krieg rüsten
	Bon, Bonus, Bonbon, i. buono	**hostibus bellum inferre** die Feinde angreifen
	f./s. bien, i. bene, s. bien Benefizspiel	**Nil bene cum facias, facias tamen omnia belle.** 7 Obwohl du nichts (wirklich) gut machst, wirst du wohl trotzdem alles „ganz hübsch" machen. (Martial)
	e. beef, f. boeuf, i. bue, s. buey	
	Brief, e. brief, f. bref, i./s. breve	**blande salutare** 9 mit schmeichelhaften Worten begrüßen
M, Pl		**summum bonum** 11 das höchste Gut
		bona restituere die Güter zurückgeben
		Quod licet Iovi, non licet bovi. 14 Was Jupiter darf, darf ein Rind (noch lange) nicht.

1	**cadere**	**cadō, cecidī, cāsūrum**	fallen
2	**cāsus**	**cāsūs** *m*	Fall, Zufall
3	**accidere**	**accidō, accidī**	geschehen, sich ereignen
4	incidere	incidō, incidī (*m. Dat.*)	fallen (auf etw.)
5		(in *m. Akk.*)	treffen (auf jdn./etw.); hinzukommen
6	**occidere**	**occidō, occidī**	umkommen, untergehen
7	caedere	caedō, cecīdī, caesum	fällen, niederschlagen
8	**caedēs**	**caedis** *f* (*Gen. Pl.* **-ium**)	Mord, Blutbad
9	**occīdere**	**occīdō, occīdī, occīsum**	töten, niederschlagen
10	**caelum**	**caelī**	Himmel
11	**calamitās**	**calamitātis** *f*	Schaden, Unglück
12	**incolumis**	**incolume**	unverletzt, wohlbehalten
13	clādēs	clādis *f*	Niederlage, Unglück, Unheil
14	calidus	calida, calidum	heiß, warm
15	cālīgō	cālīginis *f*	Finsternis; Dunst, Qualm, Rauch
16	**campus**	**campī**	Feld, freier Platz
17	canere	canō, cecinī	singen, (ver)künden
18	**carmen**	**carminis** *n*	Lied, Gedicht
19	**canis**	**canis** *m*	Hund

	Kadenz, i. cadere, s. caer	**Bene accidit, ut adsis!** Es trifft sich gut, dass du da bist!	3
	Kasus, e. case, f. cas, i. caso		
Ca, Ci, Pl	e./f. accident. i./s. accidente	**in regem incidere** auf den König treffen	5
	Okzident	**sole occidente** bei Sonnenuntergang	6
Ci, O			
	Geno-zid, Sui-zid	**Milites arbores ceciderunt.** Die Soldaten fällten Bäume.	7
	i. uccidere		
	f. ciel, i./s. cielo	**caedem facere** ein Blutbad anrichten	8
	e. calamity	**(milites) occisi** die Gefallenen (Soldaten)	9
	s. incólume		
Ci, O		**calamitas rei publicae** der Schaden des Staates	11
O, Pl	f. chaud, i. caldo, s. cálido	**hostibus calamitatem inferre** den Feinden eine Niederlage beibringen	
O, Pl		**calamitatem accipere** eine Niederlage erleiden	
	Camping, e. camp, f. champ	**campus Martius** Marsfeld	16
G, O	Kantate, Chanson, Kantor, i. cantare		
	e./f. charme	**carmen canere** ein Lied singen	17
	f. chien, i. cane	**bella canere** von Kriegen sprechen	

C

20	**capere**	**capiō, cēpī, captum**	fassen, nehmen; erobern
21	captāre	captō (*m. Akk.*)	jdm. nachstellen, greifen (nach), Jagd machen auf
22	**captīvus**	**captīva, captīvum**	gefangen
23		*Subst.*	Kriegsgefangener
24	**accipere**	**accipiō, accēpī, acceptum**	erhalten, erfahren
25	concipere	concipiō, concēpī, conceptum	(in sich) aufnehmen, empfangen; zusammenfassen, erfassen, erkennen
26	dēcipere	dēcipiō, dēcēpī, dēceptum	täuschen
27	**excipere**	**excipiō, excēpī, exceptum**	aufnehmen, eine Ausnahme machen
28	**incipere**	**incipiō, coepī (incēpī), inceptum**	anfangen, beginnen
29	**praecipere**	**praecipiō, praecēpī, praeceptum**	(be)lehren, vorschreiben
30	**recipere**	**recipiō, recēpī, receptum**	aufnehmen, wiederbekommen, zurücknehmen
31	**sē recipere**	**mē recipiō**	sich zurückziehen
32	**suscipere**	**suscipiō, suscēpī, susceptum** *m. Akk.*	auf sich nehmen, sich (e-r Sache) annehmen, unternehmen
33	disciplīna	disciplīnae	Disziplin; Kenntnisse, Unterricht
34	**occupāre**	**occupō**	besetzen, einnehmen
35	**occupātus**	**occupāta, occupātum** (in *m. Abl.*)	beschäftigt (mit)
36	recuperāre	recuperō	wieder bekommen, wieder erlangen
37	capillus	capillī	Haar
38	**caput**	**capitis** *n*	Kopf; Hauptstadt
39	**praeceps**	**praecipitis**	steil; schnell, überstürzt
40	**carēre**	**careō, caruī** *m. Abl.*	frei sein von, nicht haben
41	carpere	carpō, carpsī, carptum	(zer)pflücken, genießen, verzehren; kritisieren
42	**cārus**	**cāra, cārum**	lieb, teuer, wertvoll
43	cāritās	cāritātis *f*	Liebe; hoher Preis

M, O	kapern, „kapieren", Kapazität	
	e. captive	
G, O	akzeptieren, e. to accept, f. accepter konzipieren, Konzept, e. to conceive, s. concebir	
M, Ph	e. to deceive	
	exzeptionell, e. except	
	Rezept, Rezeption, e. to receive	
C, G	e./f. discipline	
	okkupieren, e. to occupy, f. occuper	
Ci, G	e. recover, f. récupérer	
M, O		
	Kap, Kapitel, Kapitän	
	Karenzzeit, s. carecer	
Ci, O		
	f. cher, i./s. caro	
Ci, N	karitativ, e. charity, f. charité	

spem concipere Hoffnung schöpfen	25
ingentem iram concipere gewaltigen Zorn auf sich ziehen	
animo concipere vermuten	
Cicero legatis praecepit, ut proficiscerentur. Cicero befahl den Gesandten aufzubrechen.	29
Tibi nihil praecipio. Ich mache dir keine Vorschriften.	
Milites aedificia oppidi occupant. Die Soldaten besetzen die Häuser der Stadt.	34
Timor exercitum occupat. Angst befällt das Heer.	
Exercitus in opere occupatus est. Das Heer ist mit Belagerungsarbeit beschäftigt.	35
Caput mihi dolet. Der Kopf tut mir weh.	38
Roma caput imperii est. Rom ist die Hauptstadt des Reiches.	
amicis carere keine Freunde haben	40
viam carpere einen Weg zurücklegen	41
igne carpi vom Feuer (der Liebe) verzehrt werden	
Annus in summa caritate erat. In dem Jahr waren die Preise sehr hoch.	43

C

44	castra	castrōrum *n Pl.*	Lager

45	causa	causae	Sache, Ursache, Prozess
46	causā	*m. Gen. (nachgestellt)*	wegen
47	accūsāre	accūsō	anklagen, beschuldigen

48	cavēre	caveō, cāvī, cautum *m. Akk.*	sich hüten (vor), Vorsorge treffen

49	cēdere	cēdō, cessī, cessum	gehen, nachgeben, weichen
50	cessāre	cessō	rasten, zögern
51	necesse (est)		(es ist) notwendig
52	necessārius	necessāria, necessārium	notwendig
53	accēdere	accēdō, accessī, accessum (ad *m. Akk.*)	herbeikommen, hinzukommen
54	antecēdere	antecēdō, antecessī, antecessum (*m. Akk./Dat.*)	vorausgehen; übertreffen
55	concēdere	concēdō, concessī, concessum	erlauben, nachgeben, zugestehen
56	dēcēdere	dēcēdō, dēcessī	weggehen; sterben
57	discēdere	discēdō, discessī, discessum	weggehen, auseinandergehen
58	excēdere	excēdō, excessī, excessum	hinausgehen, weggehen
59	incēdere	incēdō, incessī, incessum (*m. Akk.*)	heranrücken, eintreten; jdn. befallen
60	prōcēdere	prōcēdō, prōcessī, prōcessum	(vorwärts)gehen, vorrücken
61	succēdere	succēdō, successī, successum	(nach)folgen, nachrücken

62	cēlāre	cēlō (*m. Akk.*)	verheimlichen, verbergen (vor jdm.)
63	cella	cellae	Kammer, Keller, Tempel(raum)
64	occultus	occulta, occultum	geheim, verborgen
65	occultē	*Adv.*	heimlich
66	clam	*Adv.*	heimlich

67	celer	celeris, celere	schnell
68	celeritās	celeritātis *f*	Schnelligkeit

	Kastell, e. castle, f. château	**amicorum causa** wegen der Freunde	46
	Kausalsatz, e./f. cause, f. chose h. c. (honoris causa) Akkusativ, e. to accuse, f. accuser	**Cave canem!** Hüte dich vor dem Hund! (Petron) **Cave, ne cadas!** Pass auf, dass du nicht hinfällst!	48
	Kaution		
	f. céder, i. cèdere, s. ceder e. to cease, s. cesar	**cedere (e) loco** von der Stelle weichen	49
	e. necessary, f. nécessaire, s. necesario e. access	**Sperare necesse est.** Es ist notwendig zu hoffen. **Homines sperare necesse est.** **Sperare hominibus necesse est.** Es ist notwendig, dass die Menschen hoffen.	51
C, N			
C, Pl	Konzessivsatz, Konzession e. to decease, f. décéder	**alias nationes virtute antecedere** andere Völker an Tapferkeit übertreffen	54
	exzessiv, Exzess, e. to exceed	**Agmen incedit.** Der Heereszug rückt heran. **Timor incedit.** Furcht kommt auf. **Timor totam civitatem incedit.** Furcht befällt die ganze Bürgerschaft.	59
	Prozess, Prozession, e. to proceed sukzessiv, e. success, to succeed		
K, N	e. to conceal, s. celar Zelle, e. cell, f. cellule, s. celda Okkultismus, s. oculto	**Filius patri successit.** Der Sohn folgte dem Vater nach. **Hoc bene successit.** Dies ist geglückt. Dies ist gut gelungen.	61
G, N	„klammheimlich"		
		loco occulto an einem geheimen Ort **periculum occultum habere** eine Gefahr geheimhalten	64

69	cēna	cēnae	Mahlzeit, Essen
70	cēnāre	cēnō	essen
71	cēnsēre	cēnseō, cēnsuī, cēnsum	meinen, einschätzen
72		(m. Akk.)	seine Stimme abgeben (für jdn./für etw.)
73	centum	indekl.	hundert
74	trecentī	trecentae, trecenta	dreihundert
75	cernere	cernō	sehen, bemerken
76	dēcernere	dēcernō, dēcrēvī, dēcrētum	beschließen, entscheiden
77	certus	certa, certum	sicher
78	certē/certō	Adv.	gewiss, sicherlich
79	incertus	incerta, incertum	ungewiss, unsicher
80	certāre	certō	kämpfen, wetteifern
81	discrīmen	discrīminis n	Entscheidung; Gefahr; Unterschied
82	cervīx	cervīcis f	Hals, Nacken
83	cēterī	cēterae, cētera	die übrigen
84	cēterum	Adv.	übrigens, im Übrigen
85	cibus	cibī	Nahrung, Speise
86	cingere	cingō, cinxī, cinctum	umgeben, umzingeln
87	cinis	cineris m	Asche
88	circum	Präp. m. Akk.	rings um, um ... herum
89	circiter	Adv.	ungefähr
90	circumdare	circumdō, circumdedī, circumdatum	umgeben
91	circumvenīre	circumveniō, circumvēnī, circumventum	umringen, umzingeln

	i./s. cena	**A censore opes civium censebantur.** 71 Vom Zensor wurde der Reichtum der Bürger eingeschätzt.
	zensieren, Zensur	**Nonnulli hoc falsum (esse) censent.** Manche meinen, dass dies falsch ist.
Ca, N	Zenti-meter, Pro-zent, Cent, e. century f. trois cents, i. trecento, s. trescientos	**Plerique senatores bellum censent.** 72 Die meisten Senatoren stimmen für Krieg.
	Konzern Dezernent, Dekret e./f. certain, i. certo, s. cierto e. certainly e. uncertain, f. incertain, i. incerto	**Amicus certus in re incerta cernitur.** 77.79 Einen guten (sicheren) Freund erkennt man in schwieriger (unsicherer) Lage. (Ennius)
		pro patria certare 80 für das Vaterland kämpfen
K, O Ci, Pl	Kon-zert	**discrimine omisso** 81 ohne Unterschied
		in discrimine esse zur Entscheidung stehen
G, O		**in summo discrimine esse** in höchster Gefahr sein
	etc. (et cetera)	**Ceterum censeo Carthaginem esse delendam.** 84 Im Übrigen bin ich der Meinung, dass Karthago zerstört werden soll. (Cato d. Ä.)
	„Cinderella", f. cendre, i. cenere	**circum muros** 88 um die Mauern herum
	ca. (circa), i. circa, s. cerca	**Corpus natura ut quandam vestem animo circumdedit.** 90 Die Natur hat der Seele den Körper wie ein Kleid umgelegt. (Seneca)
	i. circondare	

92	citō	*Adv.*	schnell
93	**excitāre**	**excitō**	erregen, ermuntern, wecken
94	**recitāre**	**recitō**	vorlesen, vortragen
95	**sollicitāre**	**sollicitō**	aufhetzen, beunruhigen, erregen
96	**cīvis**	**cīvis** *f (Gen. Pl. -ium)*	Bürger
97	**cīvitās**	**cīvitātis** *f*	Gemeinde, Staat, Bürgerrecht
98	**clāmāre**	**clāmō**	laut rufen, schreien
99	**clāmor**	**clāmōris** *m*	Geschrei, Lärm
100	**clārus**	**clāra, clārum**	klar, hell, berühmt
101	**praeclārus**	**praeclāra, praeclārum**	großartig
102	dēclārāre	dēclārō	deutlich machen, verkünden
103	**classis**	**classis** *f (Gen. Pl. -ium)*	Flotte, Abteilung
104	**claudere**	**claudō, clausī, clausum**	schließen, abschließen, einschließen
105	inclūdere	inclūdō, inclūsī, inclūsum	einschließen, umschließen
106	cliēns	clientis *m*	Abhängiger, Schützling
107	**cohors**	**cohortis** *f*	Kohorte (ca. 600 Mann)
108	**colere**	**colō, coluī, cultum**	bewirtschaften, pflegen; verehren
109	**cultus**	**cultūs** *m*	Bildung, Lebensweise; Pflege, Verehrung
110	collis	collis *m*	Hügel, Anhöhe
111	**collum**	**collī**	Hals
112	columba	columbae	Taube
113	coma	comae	Haar
114	**cōnārī**	**cōnor, cōnātus sum**	versuchen

M, Ph		**Bis dat, qui cito dat.**	92
	e. exciting	Zweifach gibt, wer schnell gibt.	
	rezitieren, Rezitativ, e. to recite		
		milites ad virtutem excitare	93
		die Soldaten zur Tapferkeit ermuntern	
	zivil, e. citizen, f. citoyen, i. cittadino		
	e. city, f. cité, i. città, s. ciudad	**Civis Romanus sum.**	96
		Ich bin ein römischer Bürger. (Cicero)	
	Re-klame, re-klamieren, i. chiamare	**civitas bene instituta**	97
		ein gut eingerichteter Staat	
	Klara, Klarinette, e. clear, f. clair	**civitatem accipere**	
		das Bürgerrecht erhalten	
Ci, G	deklarieren, Deklaration, e. to declare		
	Klasse, e. class, f. classe	**sidere clarior**	100
		heller als ein Stern	
	Klause, Klausel, Klausur, e. to close	**clara voce**	
Ci, Pl	inklusive, e. to include, s. incluir	mit deutlicher (lauter) Stimme	
		ea, quae sunt clara ipsa per se	
C, Ci	Klient, Klientel, e./f. client, i./s. cliente	das, was aus sich selbst heraus klar ist	
		vir fortissimus et clarissimus	
	e. court, f. cour, i./s. corte	ein sehr tapferer und hochberühmter Mann	
		classem ornare	103
	kultivieren	eine Flotte ausrüsten	
	Kultur, Kult		
		agros colere	108
C, M	e. hill, f. colline, i. colle, collina, s. colina	die Felder bewirtschaften	
		deos colere	
	Kollier, De-kolleté, i. collo, s. cuello	die Götter verehren	
G, Ph		**cultus corporis**	109
		Körperpflege	
M, O		**cultus deorum**	
		Götterverehrung	

31

115	cōnsuēscere	cōnsuēscō, cōnsuēvī, cōnsuētum	sich (daran) gewöhnen
116		*Perf.*	gewohnt sein
117	cōnsuētūdō	cōnsuētūdinis *f*	Gewohnheit
118	**cōnsul**	**cōnsulis** *m*	Konsul
	cōnsulere	cōnsulō, cōnsuluī, cōnsultum	
119		*m. Akk.*	um Rat fragen
120		*m. Dat.*	sorgen für
121		**in** *m. Akk.*	vorgehen gegen
122	cōnsultum	cōnsultī	Beschluss; Überlegung
123	cōnsulāris	cōnsulāre	konsularisch
124		*Subst.*	ehemaliger Konsul
125	cōnsulātus	cōnsulātūs *m*	Konsulat
126	**cōnsilium**	**cōnsiliī**	Beratung, Beschluss, Plan, Rat
127	contemnere	contemnō, contempsī, contemptum	verachten, nicht beachten
128	**cor**	**cordis** *n*	Herz
129	**cornū**	**cornūs** *n*	Horn; Flügel (des Heeres)
130	**corpus**	**corporis** *n*	Körper, Leichnam
131	corvus	corvī	Rabe
132	crās	*Adv.*	morgen
133	**crēscere**	**crēscō, crēvī**	wachsen
134	**crēber**	**crēbra, crēbrum**	häufig, zahlreich
135	**crīmen**	**crīminis** *n*	Verbrechen, Vorwurf, Beschuldigung

	Kostüm, e. custom, f. coutume i. costume, s. costumbre	**oraculum consulere** das Orakel um Rat fragen	119
		liberis consulere für die Kinder sorgen	120
	e./f. consul	**in hostes crudeliter consulere** grausam gegen die Feinde vorgehen	121
	f. conseiller, i. consigliare, s. aconsejar	**consulatum petere** sich um das Konsulat bewerben	125
C, Ci Ci, Pl		**consilium capere** einen Plan (Entschluss) fassen	126
C, Ci	f. conseil, i. consiglio, s. consejo	**cordi esse** am Herzen liegen	128
Ci, Ph, Pl		**Mens sana in corpore sano.** Ein gesunder Geist steckt in einem gesunden Körper. (Juvenal)	130
	Courage, f. coeur, i. cuore, s. corazón	**Hodie mihi, cras tibi.** Heute mir, morgen dir.	132
	e. horn, f. corne, i. corno, s. cuerno	**furem criminis damnare** einen Dieb wegen eines Verbrechens verurteilen	135
	korpulent, Corpus Delicti, s. cuerpo		
G, K, Ph	f. corbeau, i. corvo	**crimini dare** zum Vorwurf machen	
G, M		**Nullum crimen sine lege.** Es gibt kein Verbrechen ohne (entsprechendes) Gesetz.	
	kon-kret, Crescendo, e. to increase		
	Krimi, kriminell, e./f. crime		

136	**crūdēlis**	**crūdēle**	grausam
137	crūs	crūris *n*	Bein, Schienbein
138	crux	crucis *f*	Kreuz
139	cruciātus	cruciātūs *m*	Folter, Qual
140	cubiculum	cubiculī	Zimmer, Schlafzimmer
141	incumbere	incumbō, incubuī in *m. Akk.*	(sich) stürzen (auf/in)
142	**culpa**	**culpae**	Schuld
143	**cum**	*Präp. m. Abl.*	mit, zusammen mit
144	**contrā**	*Adv.*	gegenüber
145		*Präp. m. Akk.*	gegen
146	**cum**	*Subj. m. Ind.*	als (plötzlich), (zu der Zeit) als, (immer) wenn
147		*Subj. m. Konj.*	als, nachdem; weil; obwohl; während (dagegen)
148	cūnctī	cūnctae, cūncta	alle (zusammen)
149	**cupere**	**cupiō, cupīvī, cupītum**	verlangen, wünschen
150	**cupidus**	**cupida, cupidum** (*m. Gen.*)	(be)gierig (nach)
151	cupīdō	cupīdinis *f* (*m. Gen.*)	Begierde, Leidenschaft, Verlangen (nach)
152	**cupiditās**	**cupiditātis** *f* (*m. Gen.*)	Begierde, Leidenschaft, Verlangen (nach)
153	concupīscere	concupīscō, concupīvī	heftig begehren
154	**cūr**	*Adv.*	warum
155	**cūra**	**cūrae**	Pflege, Sorge
156	**cūrāre**	**cūrō** (*m. Akk.*)	pflegen, sorgen für, besorgen
157	**cūria**	**cūriae**	Kurie (Sitzungsgebäude des Senats)

	e./f./s. cruel, i. crudele	**In crucem agatur!** 138 Er soll gekreuzigt werden!
M, O, Ph		**in causam incumbere** 141 sich auf den Prozess stürzen (konzentrieren)
Ci, K C, Ci	Kruzifix, e. cross, f. croix, s. cruz	**ferro incumbere** sich ins Schwert stürzen
G, Pl Ci, O		**eodem incumbere** auf dasselbe Ziel hinarbeiten
	i. colpa, s. culpa	**Claudia cum Marco amicos exspectat.** 143 Zusammen mit Markus wartet Claudia auf die Freunde.
	i./s. con Kontrast, Konter, konträr, kontrastiv f. contre, s. contra	**Claudia cum amicos exspectat, gaudet.** 146 Immer wenn Claudia Freunde erwartet, freut sie sich.
		Claudia cum amicos exspectet, gaudet. 147 Weil Claudia Freunde erwartet, freut sie sich.
		cupidus auri 150 gierig nach Gold
O, Pl		**honoris cupido** 151 das Verlangen (Streben) nach Ehre
Ci, Pl		**cupiditas vini** 152 das Verlangen nach Wein
		cupiditas amici videndi der Wunsch, den Freund zu sehen
	Kur, i. cura kurieren, i. curare	**Parentes liberos curant.** 156 Die Eltern sorgen für ihre Kinder.
		Puella equum curat. Das Mädchen pflegt (versorgt) das Pferd.

C

158	**currere**	**currō, cucurrī, cursum**	eilen, laufen
159	**cursus**	**cursūs** *m*	Lauf
160	**currus**	**currūs** *m*	Wagen
161	**occurrere**	**occurrō, occurrī**	begegnen, entgegentreten
162	**custōs**	**custōdis** *m/f*	Wächter(in)
163	**custōdia**	**custōdiae**	Gefängnis, Haft, Wache
164	custōdīre	custōdiō	bewachen, im Auge behalten

	Kurier, Curriculum, i. correre, s. correr
	Kurs, e. course, f. cours, s. curso
	e. to occur, i. occorrere, s. ocurrir
	Küster, i. custode
Ci, Pl	

cursu fugere   159
eilends fliehen

cursus honorum
Ämterlaufbahn

curru vehi   160
mit dem Wagen fahren

hostibus occurrere   161
den Feinden entgegentreten

D

1	damnāre	damnō (*m. Gen.*)	verurteilen (wegen)
2	dare	dō, dedī, datum	geben
3	dōnāre	dōnō	schenken
4	dōnum	dōnī	Geschenk
5	dōs	dōtis *f*	Mitgift
6	circumdare	circumdō, circumdedī, circumdatum	umgeben
7	addere	addō, addidī, additum	hinzufügen
8	condere	condō, condidī, conditum	verwahren, verbergen; erbauen, gründen
9	crēdere	crēdō, crēdidī, crēditum	glauben, anvertrauen
10	incrēdibilis	incrēdibile	unglaublich
11	dēdere	dēdō, dēdidī, dēditum	ausliefern, übergeben
12	ēdere	ēdō, ēdidī, ēditum	herausgeben, bekanntmachen
13	perdere	perdō, perdidī, perditum	verlieren, verschwenden, zugrunde richten
14	perditus	perdita, perditum	verloren, verzweifelt; verdorben, verkommen
15	prōdere	prōdō, prōdidī, prōditum	überliefern, verraten
16	reddere	reddō, reddidī, redditum	etw. zukommen lassen, zurückgeben
17		*m. dopp. Akk.*	jdn. zu etw. machen
18	trādere	trādō, trādidī, trāditum	übergeben, überliefern
19	dē	*Präp. m. Abl.*	von, von ... her, von ... herab; über
20	dēmum	*Adv.*	endlich
21	dēnique	*Adv.*	schließlich, zuletzt
22	decem	*indekl.*	zehn
23	decimus	decima, decimum	der (die, das) zehnte
24	decus	decoris *n*	Ruhm, Glanz, Ehre, Anständigkeit
25	dīgnus	dīgna, dīgnum (*m. Abl.*)	wert, würdig (einer Sache)
26	indīgnus	indīgna, indīgnum (*m. Abl.*)	unwürdig (einer Sache)
27	dīgnitās	dīgnitātis *f*	Ansehen, Würde; (gesellschaftliche) Stellung
28	dēfendere	dēfendō, dēfendī, dēfēnsum	abwehren, verteidigen

	e. to damn

	Scleratus caedis **damnatur**.	1
	Der Verbrecher wird wegen Mordes verurteilt.	

Sceleratus capitis damnatur.
Der Verbrecher wird zum Tod verurteilt.

Datum, Daten, Dativ, i. dare, s. dar
f. donner, i. donare, s. donar

litteris deditus 11
interessiert an der Wissenschaft

i. circondare

somno deditus
schlaftrunken, verschlafen, schläfrig

addieren, Addition

vocem perdere 13
die Stimme verlieren

Credo, Kredit, f. croire, i. crédere
e. incredible, f. incroyable, s. increíble

tempus perdere
Zeit verschwenden

edieren, Edition, e. to edit, f. éditer
f. perdre, i. perdere, s. perder

rem publicam perdere
den Staat zugrunde richten

Ca, Ci

Rente, Rendite, rentabel
e. to render, f. rendre, i. rendere
Tradition, e./f. tradition, i. tradizione

consilium prodere 15
einen Plan verraten

memoriae prodere
(geschichtlich) überliefern

f./s. de, i. di, da

Quicumque hoc fecit, 25
praemio dignus est.
Wer auch immer dies getan hat,
verdient eine Belohnung.

Dezember
Dezimalzahlen

**Quicumque hoc fecit, dignus est,
qui praemio afficiatur.**
Wer auch immer dies getan hat, verdient,
dass er belohnt wird (belohnt zu werden).

M, Ph   Dekor, dekorieren, f. décor
f. digne, s. digno
f. indigne, s. indigno
e. dignity, f. dignité, s. dignidad

Laude indignus es. 26
Indignus es, qui lauderis.
Du verdienst kein Lob.

defensiv, Defensive, s. defender

29	dēlectāre	dēlectō	erfreuen, unterhalten
30	dēliciae	dēliciārum *f Pl.*	Liebling; Vergnügen
31	dēlēre	dēleō, dēlēvī, dēlētum	zerstören, auslöschen
32	dēns	dentis *m*	Zahn
33	dēnsus	dēnsa, dēnsum	dicht
34	**deus**	**deī**	Gott, Gottheit
35	**dea**	deae	Göttin
36	**dīvus**	dīva, dīvum	göttlich
37	**dīvīnus**	dīvīna, dīvīnum	göttlich
38	**dexter**	dext(e)ra, dext(e)rum	rechts
39	**dextera**	(manus)	die Rechte, die rechte Hand
40	**dīcere**	**dīcō, dīxī, dictum**	sagen, sprechen
41		*m. dopp. Akk.*	(be)nennen
42	**dictum**	dictī	Ausspruch, Wort
43	**condiciō**	**condiciōnis** *f*	Bedingung, Lage, Verabredung
44	**indicāre**	**indicō**	anzeigen, melden
45	**indicium**	indiciī	Anzeige, Kennzeichen
46	**praedicāre**	**praedicō**	behaupten
47	**diēs**	**diēī** *m*	Tag
48		*f*	Termin
49	**diū**	*Adv.*	lange (Zeit)
50	cottīdiē	*Adv.*	täglich
51	cottīdiānus	cottīdiāna, cottīdiānum	täglich, alltäglich
52	**hodiē**	*Adv.*	heute
53	postrīdiē	*Adv.*	am folgenden Tag
54	merīdiēs	merīdiēī *m*	Mittag; Süden

	Dilettant		
Ca, M	delikat, Delikatesse		
Ci, N	„Delete"		
Ca, M, Ph	Dentist, f. dent, i. dente, s. diente		
O, Pl	Kondensator		
	Ade, Adieu, f. dieu, i. dio, s. dios		
	i. dea, s. diosa		
	Diva		
	e. divine, f. divin, i./s. divino		
	i. destra		
	dichten, diktieren, f./i. dire, s. decir		
	Diktum, e. dictum, i. detto, s. dicho		
	Kondition, e./f. condition		
	Indikativ, Index, Indikator		
	Indiz, f. indice, s. indicio		
	Prädikat, Predigt		
	e. day, s. día		
C, Ci, Pl			
C, Ci	f. quotidien, i. quotidiano, s. cotidiano		
	s. hoy, i. oggi		
C, G			
C, Pl	Meridian		

Variatio delectat. 29
Abwechslung erfreut. (Phädrus)

nomen Scipionis delere 31
Scipios Namen auslöschen

Carthagine deleta
nach der Zerstörung Karthagos

Dictum factum. 40
Gesagt – getan. (Terenz)

Te amicum dico. 41
Ich nenne dich Freund.

condiciones pacis 43
Friedensbedingungen

condicio servorum
die Lage der Sklaven

condicio sine qua non
eine unumgängliche Bedingung (Cicero)

diem dicere 48
einen Termin ausmachen

Nemo potest personam diu ferre. 49
Niemand kann lange eine Maske tragen. (Seneca)

meridie 54
mittags

ante meridiem
vormittags

post meridiem
nachmittags

55	dīmicāre	dīmicō	kämpfen
56	dīrus	dīra, dīrum	schrecklich, grauenvoll
57	**dīves**	dīvitis	reich
58	**dīvidere**	dīvidō, dīvīsī	teilen, trennen
59	**docēre**	**doceō, docuī, doctum**	lehren, unterrichten
60	doctus	docta, doctum	gebildet, gelehrt
61	**discere**	**discō, didicī**	lernen, erfahren
62	**dolēre**	doleō	schmerzen, wehtun; bedauern
63	dolor	dolōris m	Schmerz
64	dolus	dolī	List, Täuschung
65	domus	domūs f	Haus
66	dominus	dominī	Herr, Hausherr
67	**domesticus**	domestica, domesticum	privat, zum Haus gehörig; einheimisch
68	dūcere	dūcō, dūxī, ductum	führen, ziehen
69		m. dopp. Akk.	halten für
70	dux	ducis m/f	Führer(in), Anführer(in)
71	**abdūcere**	abdūcō, abdūxī, abductum	wegführen
72	addūcere	addūcō, addūxī, adductum	heranführen, veranlassen
73	**condūcere**	condūcō, condūxī, conductum	zusammenführen, anwerben, mieten
74	dēdūcere	dēdūcō, dēdūxī, dēductum	hinführen, wegführen
75	ēdūcere	ēdūcō, ēdūxī, ēductum	herausführen
76	indūcere	indūcō, indūxī, inductum	(hin)einführen, verleiten
77	prōdūcere	prōdūcō, prōdūxī, prōductum	(vor)führen
78	redūcere	redūcō, redūxī, reductum	zurückführen, zurückziehen
79	subdūcere	subdūcō, subdūxī, subductum	hinaufziehen, wegnehmen

C, N		**praedam dividere**	58
		die Beute aufteilen	
M, O		**Docendo discimus.**	59.61
		Durch Unterrichten lernen wir. (Seneca)	
	dividieren, Division, Individuum	**domi**	65
		zuhause, daheim	
	dozieren, Dozent, Dokument	**domum**	
Ca, G, Pl	Doktor	nach Hause, heim	
		domo	
		von zuhause, von daheim	
	kon-dolieren, Kon-dolenz	**Mater puerum manu ducit.**	68
	f. douleur, i. dolore, s. dolor	Die Mutter führt ihr Kind an der Hand.	
		Te iustum duco.	69
		Ich halte dich für gerecht.	
	Dom, Domizil	**Caesare duce**	70
	dominant, Dominanz, Don Carlos	unter der Führung Cäsars	
	domestizieren, f. domestique	**irā adductus**	72
		aus Zorn	
	Aquä-dukt	**novum morem in rem publicam inducere**	76
		einen neuen Brauch im Staat einführen	
	e. duke, f. duc, i. duca, s. duque	**cives in spem inducere**	
		die Bürger zur Hoffnung verleiten	
	f. conduire, s. conducir	**cupiditate inductus**	
	Deduktion	aus (infolge von) heftigem Verlangen	
	Induktion	**falsa spe inductus**	
	produzieren, Produkt, Produktion	aus (infolge) falscher Hoffnung	
	reduzieren, e. to reduce, f. réduire		

80	**dulcis**	dulce	angenehm, süß
81	**dum**	*Subj. m. Ind.*	während, solange, (so lange) bis
82		*Subj. m. Konj.*	wenn nur
83	**nōndum**	*Adv.*	noch nicht
84	**duo**	**duae, duo**	zwei
85	bis	*Adv.*	zweimal
86	dubius	dubia, dubium	ungewiss, zweifelhaft
87	dubium	dubiī	Zweifel
88	**dubitāre**	**dubitō**	zweifeln
89		*(m. Inf.)*	zögern
90	**dūrus**	**dūra, dūrum**	hart

	„Dolce Vita", f. doux, i. dolce, s. dulce

	Duo, dual, f. deux, i. due, s. dos
O, Ph	bilingual, bilateral, bisexuell
N, Pl	dubios
G, K	e. doubt, f. doute, i. dubbio, s. duda
	e. to doubt, f. douter, i. dubitare

	Dur, dauern, f. dur, i./s. duro

Dum spiro, spero. 81
Solange ich atme, hoffe ich.

Oderint, dum metuant! 82
Sollen sie (mich) hassen,
wenn sie (mich) nur fürchten! (Caligula)

dubias res facile pati 86
Ungewissheit leicht ertragen

Non dubito, quin amicum iuves. 88
Ich zweifle nicht daran,
dass du dem Freund hilfst.

Dubitasne amicum iuvare? 89
Zögerst du, dem Freund zu helfen?

E

1	**ecce**		schau! schaut! sieh da! seht da!
2	**ego**		ich
3	**ēgregius**	**ēgregia, ēgregium**	ausgezeichnet, hervorragend
4	**emere**	**emō, ēmī, ēmptum**	kaufen
5	**sūmere**	**sūmō, sūmpsī, sūmptum**	nehmen
6	**sūmptus**	**sūmptūs** *m*	Aufwand, die Kosten
7	**cōnsūmere**	**cōnsūmō, cōnsūmpsī, cōnsūmptum**	verbrauchen, verwenden
8	**eximius**	eximia, eximium	außergewöhnlich, außerordentlich
9	**exemplum**	**exemplī**	Beispiel, Vorbild
10	**praemium**	**praemiī**	Belohnung, Lohn
11	**epistula**	**epistulae**	Brief
12	**equus**	**equī**	Pferd
13	**eques**	**equitis** *m*	Reiter, Ritter
14	**equester**	equestris, equestre	Reiter-, Ritter-
15	**equitātus**	**equitātūs** *m*	Reiterei
16	**errāre**	**errō**	(sich) irren
17	error	errōris *m*	Irrtum, Zweifel; Irrfahrt, Irrweg
18	**esse**	**sum, fuī**	sein, sich befinden
19	**abesse**	**absum, āfuī** (ā *m. Abl.*)	abwesend sein, fehlen
20	**adesse**	**adsum, adfuī** (*m. Dat.*)	da sein; helfen
21	**deesse**	**dēsum, dēfuī, dēfutūrum**	abwesend sein, fehlen
22	**interesse**	**intersum, interfuī** (*m. Dat.*)	dazwischen sein; teilnehmen (an)
23	**interest**	(*m. Gen.*)	es ist wichtig (für jdn.)
24	**posse**	**possum, potuī**	können
25	**praeesse**	**praesum, praefuī** *m. Dat.*	an der Spitze stehen, leiten
26	**praesēns**	**praesentis**	anwesend, gegenwärtig

	i. ecco	**parvo (magno) emere** 4 billig (teuer) kaufen
	Egoist, Egoismus, e. I, f. je, i. io, s. yo	**arma sumere** 5 die Waffen ergreifen
	i./s. egregio	**puella eximiae prudentiae** 8 ein Mädchen von außerordentlicher Klugheit, ein außerordentlich kluges Mädchen
	konsumieren, Konsum, e. to consume	**equestris pugna** 14 **equestre proelium** Reitergefecht
Ci, G		
	Exempel, Exemplar, e./f. example Prämie, e. premium, i./s. premio	**Adsit mihi amicus!** 20 Der Freund soll mir helfen!
	Epistel	**Una nox interest.** 22 Eine Nacht liegt dazwischen. **Flumen interest inter eas civitates.** Ein Fluss liegt zwischen diesen Gemeinden. **Convivio interero.** Ich werde am Gastmahl teilnehmen.
C, Ci		
	s. errar	
O, Ph	e. error, f. erreur, i. errore, s. error	**Omnium interest bene vivere.** 23 Es ist für alle wichtig, gut zu leben. **Hoc et meā magni interest.** Dies ist auch für mich wichtig.
	Essenz, essenziell absent, Absentenheft, e./f. absence	
		equitatui praeesse 25 die Reiterei befehligen (kommandieren) **provinciae praeesse** die Provinz verwalten
	Interesse, sich interessieren	
	f. pouvoir, i. potere, s. poder	**patre praesente** 26 in Anwesenheit des Vaters
	präsent, Präsenz, präsentieren	

| 27 | prōdesse | prōsum, prōfuī | nützen |
| 28 | **superesse** | **supersum, superfuī** | überleben, übrig sein |

29	ex/ē	*Präp. m. Abl.*	aus, von ... her
30	**exter**	**extera, exterum**	ausländisch
31	**extrā**	*Präp. m. Akk.*	außerhalb (von)

| 32 | **exercēre** | **exerceō** | üben, trainieren; quälen |
| 33 | exercitus | exercitūs *m* | Heer |

| 34 | **exilium** | **exiliī** | Exil, Verbannung |

| 35 | **explicāre** | **explicō** | (er)klären, entfalten |

| 36 | **exstinguere** | **exstinguō, exstīnxī, exstīnctum** | auslöschen, vernichten |

M, N, Ph	Pros(i)t		

| | extern | |
| | extra- | |

| | exerzieren, Exerzitien, e. to exercise | |
| | i. esercito, s. ejército | |

| | e. exile, f. exil, s. exilio | |

| Ca, N | explizit, f. expliquer, s. explicar | |

| | Extinktion, e. to extinguish | |

e villa 29
vom Haus her, aus dem Haus

ex iis unus
einer von ihnen

extra moenia 31
außerhalb der Stadtmauern

crimen explicare 35
ein Verbrechen aufklären

utilitatem oratione explicare
den Vorteil in einer Rede erklären

multitudinem navium explicare
eine Menge Schiffe bereitstellen

F

1	facere	faciō, fēcī, factum	machen, tun, handeln
2	factum	factī	Handlung, Tat, Tatsache
3	facinus	facinoris *n*	Handlung, Untat
4	facilis	facile	leicht (zu tun)
5	difficilis	difficile	schwer, schwierig
6	faciēs	faciēī *f*	Gesicht; Anblick, Aussehen, Erscheinungsform
7	beneficium	beneficiī	Wohltat
8	afficere	afficiō, affēcī, affectum *m. Abl.*	versehen mit etw.
9	cōnficere	cōnficiō, cōnfēcī, cōnfectum	fertigmachen, beenden
10	dēficere	dēficiō, dēfēcī, dēfectum	abnehmen, ermatten
11		(ā *m. Abl.*)	abfallen (von)
12	efficere	efficiō, effēcī, effectum	bewirken, herstellen
13	interficere	interficiō, interfēcī, interfectum	töten, vernichten
14	perficere	perficiō, perfēcī, perfectum	erreichen, fertigstellen, vollenden
15	proficīscī	proficīscor, profectus sum	(ab)reisen, aufbrechen
16	profectō	*Adv.*	sicherlich, tatsächlich
17	fallere	fallō, fefellī	täuschen, betrügen
18	falsus	falsa, falsum	falsch
19	famēs	famis *f*	Hunger
20	familia	familiae	Familie, Hausgemeinschaft
21	familiāris	familiāre	freundschaftlich, vertraut
22		*Subst.*	Freund
23	fānum	fānī	Heiligtum, Tempel
24	fātum	fātī	Schicksal, Götterspruch
25	nefās	*n indekl.*	Frevel(tat), Unrecht
26	nefārius	nefāria, nefārium	gottlos, verbrecherisch
27	fāma	fāmae	(guter/schlechter) Ruf
28	fābula	fābulae	Erzählung, Geschichte, Theaterstück

	Fazit, Faktor, f. faire, i. fare, s. hacer	**sacrum facere** opfern	1
	Faktum, faktisch, e. fact, f. fait		
		facile factu leicht zu tun	4
	diffizil, e. difficult, f./i. difficile		
M, O, Pl	e./f. face, i. faccia	**faciem sub aqua habere** das Gesicht unter Wasser haben	6
	Benefizspiel	**facies virginis verae** der Anblick eines lebendigen Mädchens	
	Affekt		
	Konfektion, Konfitüre, Konfetti	**in multas facies flecti** in verschiedene Erscheinungsformen verwandelt werden	
	Defekt, Defizit		
	effizient, Effekt, Ko-effizient	**dolore afficere** Schmerz zufügen, wehtun	8
	perfekt, e. perfect, f. parfait	**morbo affici** krank werden	
		bello confecto nach Beendigung des Krieges	9
	e. false, f. faux, i./s. falso		
	f. faim, i. fame, s. hambre	**Vires me deficiunt.** Die Kräfte gehen mir aus.	10
	e. family, f. famille, s. familia	**Gens a Romanis deficit.** Ein Stamm fällt von den Römern ab.	11
	familiär, e./s. familiar, f. familier	**Non omnia pecuniā effici possunt.** Nicht alles kann man mit Geld bewirken.	12
Ci, K			
		res familiaris Vermögen	21
	fatal, e. fate	**Fama crescit eundo.** Das Gerücht wächst durch die Verbreitung. (Vergil)	27
Ci, O			
	s. nefario		
	famos, e. famous, i./s. famoso	**fabulam agere** ein Theaterstück spielen	28
	Fabel, fabelhaft		

51

29	fatērī	fateor, fassus sum	bekennen, gestehen
30	cōnfitērī	cōnfiteor, cōnfessus sum	(ein)gestehen
31	faux	faucis f (Gen. Pl. -ium)	Hals
32	faucēs	faucium f Pl.	Engpass, Schlucht; Rachen
33	favēre	faveō, fāvī m. Dat.	bevorzugen, begünstigen, Beifall klatschen, gewogen sein
34	fax	facis f	Fackel
35	fēlīx	fēlīcis	glücklich, glückbringend, erfolgreich
36	īnfēlīx	īnfēlīcis	unglücklich
37	fēmina	fēminae	Frau
38	fīlius	fīliī	Sohn
39	fīlia	fīliae	Tochter
40	ferre	ferō, tulī, lātum	bringen, tragen; ertragen
41	forte	Adv.	zufällig
42	fortūna	fortūnae	Glück, Schicksal
43	fūr	fūris m	Dieb
44	fūrtum	fūrtī	Diebstahl, Hinterlist
45	afferre	afferō, attulī, allātum	bringen, herbeibringen, mitbringen; melden
46	auferre	auferō, abstulī, ablātum	rauben, wegbringen
47	cōnferre	cōnferō, contulī, collātum	vergleichen, zusammentragen
48	dēferre	dēferō, dētulī, dēlātum	hinbringen, melden, übertragen
49	differre	differō, distulī, dīlātum	aufschieben
50		(ā m. Abl.)	sich unterscheiden (von)
51	efferre	efferō, extulī, elātum	herausheben, hervorbringen
52	īnferre	īnferō, intulī, illātum	hineintragen, zufügen
53	offerre	offerō, obtulī, oblātum	anbieten, entgegenbringen
54	perferre	perferō, pertulī, perlātum	(über)bringen, ertragen
55	praeferre	praeferō, praetulī, praelātum	vorziehen
56	prōferre	prōferō, prōtulī, prōlātum	(hervor)holen, zur Sprache bringen

		Di tibi favent. Die Götter sind dir gewogen. Die Götter begünstigen dich.	33
Ci, O, Ph			
Ci, O, Ph		**Cui faveam potius?** Wen soll ich bevorzugen?	
Ca, O, Pl	favorisieren, Favorit, e. favourite	**face ferroque** mit Feuer und Schwert	34
Ci, O		**Et tu, mi fili!** Auch du, mein Sohn! (Cäsar)	38
	Felix, Felicitas, Felicia, i. felice, s. feliz	**secum ferre** bei sich tragen, mit sich nehmen	40
	feminin, Femininum, f. femme f. fils, i. figlio, s. hijo Filiale, f. fille, i. figlia, s. hija	**ferendum est** es ist erträglich	
		Quod differtur, non aufertur. Was aufgeschoben wird, wird nicht aufgehoben.	46.49
	e./f. fortune, i./s. fortuna	**supplicium differre** die Todesstrafe aufschieben	49
	Ablativ Konferenz, cf. (~ confer)	**a fratre differre** sich vom Bruder unterscheiden	50
	differieren, Differenz, e. to differ s. diferir Elativ	**vinum in Latium inferre** Wein nach Latium bringen	52
		hostibus bellum inferre mit den Feinden Krieg anfangen, offensiv gegen die Feinde vorgehen	
	offerieren, Offerte, Oblate, e. to offer	**signa inferre** angreifen	
	Präferenz, e. to prefer, f. préférer	**dolorem inferre** Schmerz zufügen	
	Konfession, e. to confess, s. confesar		

57	referre	referō, rettulī, relātum	(zurück)bringen, berichten
58	rēfert	(m. Gen.)	es ist wichtig (für jdn.)
59	trānsferre	trānsferō, trānstulī, trānslātum	hinüberbringen, hinübertragen, übertragen
60	ferrum	ferrī	Eisen; Waffe
61	ferus	fera, ferum	wild
62	fera (bēstia)	ferae	wildes Tier
63	fidēs	fideī f	Glaube, Treue, Vertrauen, Zuverlässigkeit
64	fīdūcia	fīdūciae	Vertrauen
65	cōnfīdere	cōnfīdō, cōnfīsus sum	vertrauen
66	fierī	fīō, factus sum	gemacht werden; geschehen, werden
67	futūrus	futūra, futūrum	künftig, zukünftig
68	fīgere	fīgō, fīxī, fīxum	(in den Boden) hineinstoßen, befestigen, aufhängen; errichten; treffen
69	fīnis	fīnis m (Gen. Pl. -ium)	Ende, Grenze; Ziel, Zweck
70	fīnēs	fīnium m Pl.	Gebiet
71	fīnīre	fīniō, fīnīvī, fīnītum	beenden, begrenzen
72	affīnis	affīne	benachbart, verschwägert
73		Subst.	Schwiegersohn, Schwiegervater
74	fingere	fingō, fīnxī, fictum	gestalten, sich (etw.) ausdenken
75	figūra	figūrae	Form, Gestalt; Redefigur, Stilmittel
76	firmus	firma, firmum	stark, fest, zuverlässig
77	cōnfirmāre	cōnfirmō	stärken, bekräftigen, ermutigen
78	frēnum	frēnī	Zügel, Zaum
79	ferē	Adv.	beinahe, fast; ungefähr
80	flāgitium	flāgitiī	Gemeinheit, Schandtat

	Referat, Referent, Relation, relativ	
Ci, K	Transfer, e. to transfer, to translate	
	f. fer, i. ferro, s. hierro	
	e. fierce	
G, O		
	per-fide, e. faith, f. foi, s. fé	
	f. confier, s. confiar	
N, O	Futur, e. future, f. futur, i./s. futuro	
Ci, O	fixieren, Prä-fix, Suf-fix, Fixstern, e. to fix, f. fixer, i. fissare, s. fijar	
	Finale, final, f./s. fin, i. fine	
C, O	e. to finish, f. finir, i. finire	
G, K	Affinität	
	fingieren, Fiktion, fiktiv	
C, Pl	Figur, e. figure	
C, Ci	Firmung, Firma, e. firm, s. firme	
	Konfirmation, e. to confirm	
O, Ph		

Relata refero. 57
Ich berichte (nur),
was (mir) berichtet wurde. (Herodot)

amicorum refert 58
es ist wichtig für die Freunde

Pons fit. 66
Eine Brücke wird errichtet.

Saepe fit, ut pueri fleant.
Es geschieht oft, dass Kinder weinen.

Fieri potest, ut filia fleat.
Es ist möglich, dass die Tochter weint.
Möglicherweise weint die Tochter.

Quid de me fiet?
Was wird aus mir werden?

Quo facto milites proficiscuntur.
Nachdem dies geschehen ist,
brechen die Soldaten auf.
Danach brechen die Soldaten auf.

Oscula in os puellae figit. 68
Er drückt Küsse auf den Mund der Freundin.

Crux ad supplicium fixa est.
Das Kreuz ist zur Hinrichtung
aufgestellt worden.

Sidera sub aethere fixae sunt.
Die Sterne haften am Himmel.

Gladius in pectore fixus est.
Das Schwert steckt in der Brust.

solo fixos oculos tenere
die Blicke starr auf den Boden richten

Cognatos affinesque nostros oramus. 72
Wir bitten unsere engsten Verwandten.

| 81 | **flamma** | **flammae** | Feuer, Flamme |
| 82 | inflammāre | inflammō | anzünden, entflammen |

| 83 | **flectere** | **flectō, flexī, flexum** | biegen, (hin)lenken, umstimmen |

| 84 | **flēre** | **fleō, flēvī, flētum** | beklagen, (be)weinen |
| 85 | flētus | flētūs *m* | Weinen |

| 86 | flūmen | flūminis *n* | Fluss |
| 87 | **flūctus** | **flūctūs** *m* | Flut, Strömung |

| 88 | focus | focī | Herd |

| 89 | **fōns** | **fontis** *m* (*Gen. Pl.* **-ium**) | Quelle, Ursprung |

| 90 | **forīs** | *Adv.* | außerhalb, draußen, im Krieg (*wo?*) |
| 91 | **forās** | *Adv.* | heraus, hinaus (*wohin?*) |

| 92 | **fōrma** | **fōrmae** | Form, Gestalt, Schönheit |
| 93 | fōrmōsus | fōrmōsa, fōrmōsum | schön, hübsch |

| 94 | fortis | forte | kräftig, tapfer |

| 95 | **forum** | **forī** | Forum, Marktplatz, Öffentlichkeit |

| 96 | **frangere** | **frangō, frēgī, frāctum** | zerbrechen (*trans.*) |

| 97 | frāter | frātris *m* | Bruder |

| 98 | fraus | fraudis *f* | Betrug, List |
| 99 | **frūstrā** | *Adv.* | vergeblich |

| 100 | **frequēns** | **frequentis** | häufig, zahlreich |

Ci, Pl	e. flame, f. flamme, i. fiamma, s. llama	

furore inflammatus 82
völlig außer sich vor Wut

ad inflammandam urbem
um die Stadt anzuzünden

	flektieren, Flexion, re-flektieren	
Ca, Ci	flennen	

oculos flectere 83
die Augen umwenden (zurückblicken)

animum patris flectere
den Vater umstimmen

	i. fiume	
	Fluktuation	
K, M	Fokus, f. feu, i. fuoco, s. fuego	
	Fontäne, i. fonte, s. fuente	

unda fontis vicini 89
das Wasser einer nahegelegenen Quelle

ad fontes
zu den Ursprüngen

formae variae 92
verschiedene Formen

**antiquam formam
rei publicae revocare**
die alte Gestalt (Verfassung)
des Staates zurückrufen

Ca, M	formen, Formel, informieren	
	f. fort, i. forte, s. fuerte	

forma sine arte potens
ungekünstelte (natürliche) Schönheit (Ovid)

	Forum, e./f. forum, i./s. foro	
	Fraktur, Fraktion, Fragment, fragil	
	Frater, e. brother, f. frère, i. fratello	

Servus tabulam frangit. 96
Der Sklave zerbricht eine Tafel.

Tabula frangitur.
Die Tafel zerbricht.

Fraudem celare fraus est. 98
Einen Betrug zu verheimlichen ist Betrug.

O, Ph	frustriert, Frustration	
	Frequenz, frequentieren, e. frequent	

**Auribus frequentius quam
lingua utere!** 100
Benutze deine Ohren häufiger
als deine Zunge!

57

101	frīgus	frīgoris *n*	Frost, Kälte
102	frōns	frondis *f*	Laub
103	**frōns**	**frontis** *f*	Stirn, Vorderseite
104	fruī	fruor *m. Abl.*	genießen, sich erfreuen an
105	frūx	frūgis *f*	(Feld-)Frucht
106	**frūctus**	**frūctūs** *m*	Frucht, Ertrag, Nutzen
107	**frūmentum**	**frūmentī**	Getreide
108	frūmentārius	frūmentāria, frūmentārium	das Getreide betreffend, getreidereich
109	**fugere**	**fugiō, fūgī**	fliehen, meiden
110	**fuga**	**fugae**	Flucht
111	**effugere**	**effugiō, effūgī** (*m. Akk.*)	entfliehen, entkommen
112	**fundere**	**fundō, fūdī, fūsum**	(aus)gießen, zerstreuen
113	**fūnus**	**fūneris** *n*	Begräbnis; Untergang
114	**furor**	**furōris** *m*	Wahnsinn, Wut

Ca, O	f. froid, i. freddo, s. frío	
O, Ph		
	Front, frontal, e./f. front, s. frente	
M, Ph	i. fruire	
Ci, O		
	Frutti di Mare, Fructose, e./f. fruit	
C, Ci		
	f. fuir, i. fuggire, s. huir	
	Fuge, Refugium, f. fuite, i./s. fuga	
	Fusion, Infusion, Konfusion, konfus	
	e. funeral, f. funérailles, i. funerale	
	Furie, furios, e. fury, f. fureur, s. furor	

vita frui — 104
das Leben genießen

pace frui
den Frieden genießen

fructus laborum — 106
Frucht (Nutzen) der Anstrengungen

fructus ex arboribus
Frucht (Ertrag) der Bäume

res frumentaria — 108
Getreide(versorgung), Proviant

ad portum fugere — 109
zum Hafen fliehen

periculum fugere
eine Gefahr vermeiden

Vir egregius invidiam — 111
effugere non potest.
Ein hervorragender Mann kann dem Neid nicht entkommen.

aquam fundere — 112
Wasser ausgießen

hostes fundere
die Feinde zerstreuen (in die Flucht schlagen)

Ratio te a furore revocet! — 114
Die Vernunft soll dich von deinem Wahnsinn abbringen!

G

1	**gaudēre**	**gaudeō, gāvīsus sum**	sich freuen
2	**gaudium**	**gaudiī**	Freude
3	**gemitus**	**gemitūs** *m*	Seufzen, Traurigkeit
4	gener	generī *m*	Schwager, Schwiegersohn
5	genu	genūs *n*	Knie
6	**gerere**	**gerō, gessī, gestum**	führen, ausführen, tragen
7	**gīgnere**	**gīgnō, genuī, genitum**	(er)zeugen, gebären, hervorbringen
8	**genus**	**generis** *n*	Geschlecht, Abstammung, Art
9	**gēns**	**gentis** *f* (*Gen. Pl.* **-ium**)	Stamm, Volk, Familienverband
10	**ingenium**	**ingeniī**	Begabung, Talent
11	**ingēns**	**ingentis**	gewaltig, ungeheuer
12	**nāscī**	**nāscor, nātus sum**	entstehen, geboren werden
13	**nātus**	**nātī**	Sohn
14	**nāta**	**nātae**	Tochter
15	**nātiō**	**nātiōnis** *f*	Volk, Volkstamm
16	**nātūra**	**nātūrae**	Natur, Beschaffenheit, Wesen
17	cognātus	cognāta, cognātum	(bluts)verwandt
18		*Subst.*	Verwandter
19	**gladius**	**gladiī**	Schwert
20	**glōria**	**glōriae**	Ehre, Ruhm
21	**grandis**	**grande**	bedeutend, groß; alt
22	**grātus**	**grāta, grātum**	dankbar, willkommen, beliebt
23	**grātia**	**grātiae**	Ansehen, Beliebtheit; Dank, Gefälligkeit
24	grātīs	*Adv.*	umsonst
25	**gravis**	**grave**	schwer

	i. godere, s. gozar	**auxilio gaudere** 1 sich über die Hilfe freuen
	Gaudi, i. gioia	
		bellum gerere 6 Krieg führen
Ca, O	Generation	**rem publicam gerere** den Staat regieren
O, Pl		**honeste se gerere** sich anständig benehmen
	Geste, gestikulieren	**genus humanum** 8 das Menschengeschlecht
G, O	generieren, Generation	
	Genus, Genre, generell, f. genre	**amplissimo genere natus** aus einer sehr bedeutenden Familie stammend
	i./s. gente	
	Ingenieur, s. ingenio	
	naiv, f. naître, i. nascere, s. nacer	**Sueborum gens** 9 der Stamm der Sueben
	e. native, f. né, i. nato, s. nacido	**omnes homines eius gentis** alle Menschen dieses Volkes
	Nation, national, e./f. nation, s. nación	**patres maiorum gentium** die Senatoren aus alten (patrizischen) Familienverbänden
	Naturell, natürlich, e./f. nature, i. natura	
G, K		
		Cognatos affinesque nostros oramus. 18 Wir bitten unsere engsten Verwandten.
	Gladiator, Gladiole	
	glorifizieren, e. glory, f. gloire, s. gloria	**gloriam augere** 20 sein Ansehen vergrößern
	grandios, e./f. grand, s. gran(de)	**gloriam sibi parere** sich Ruhm verschaffen (erwerben)
	gratulieren, e. grateful, i./s. grato	**gratias agere** 23 danken
	Grazie, e. grace, f. grâce, s. gracias	
Ci, M	gratis	**Deo gratias!** Gott sei Dank!
	gravierend, Gravitation, f./i./s. grave	

H

1	habēre	habeō	haben, halten
2		m. dopp. Akk.	halten für
3	habitāre	habitō	wohnen, bewohnen
4	prohibēre	prohibeō (ā m. Abl.)	abhalten (von), hindern (an)
5	dēbēre	dēbeō	müssen, sollen; schulden
6	praebēre	praebeō	geben, hinhalten
7	se praebēre	me praebeō	sich zeigen
8	haerēre	haereō, haesī	hängen, stecken bleiben
9	haud	Adv.	nicht
10	haurīre	hauriō, hausī, haustum	trinken, (in sich) aufnehmen
11	hercule(s)		Beim Herkules!
12	hērēs	hērēdis m	Erbe
13	hic, haec, hoc		dieser, diese, dieses (hier)
14	hīc	Adv.	hier
15	hūc	Adv.	hierher
16	adhūc	Adv.	bis jetzt, noch
17	hinc	Adv.	von hier, hierauf
18	hiems	hiemis f	Winter, Unwetter
19	historia	historiae	Forschung, Geschichtsschreibung
20	homō	hominis m	Mensch
21	nēmō	nēminis / nūllīus	niemand
22	hūmānus	hūmāna, hūmānum	menschlich, gebildet
23	hūmānitās	hūmānitātis f	Menschlichkeit, Menschenfreundlichkeit; Bildung

	Habit, e. to have, f. avoir, i. avere	**Consules summam potestatem habebant.** 1 Die Konsuln hatten die höchste Amtsgewalt.
	f. habiter, i. abitare	
	f. prohiber, s. prohibir	
	Debitor, f. devoir, i. dovere, s. deber	**Multi Pompeium magnum imperatorem habebant.** 2 Viele hielten Pompejus für einen bedeutenden Feldherrn.
	kohärent, Kohärenz	**Barbari nostros navibus egredi prohibebant.** 4 oder: **Barbari prohibebant, ne nostri navibus egrederentur.** Die Barbaren verhinderten, dass unsere Leute die Schiffe verließen. Die Barbaren hinderten unsere Leute am Verlassen der Schiffe.
Ci, O		
M, O		**Caesar Helvetios (ab) itinere prohibiturus erat.** Cäsar wollte die Helvetier an der Auswanderung hindern.
		Vera dicere debes. 5 Du musst die Wahrheit sagen. **Mihi pecuniam debes.** Du schuldest mir Geld.
		vocem auribus haurire 10 eine Stimme vernehmen
	Historie, Historiker, e. history, f. histoire	**ignem oculis haurire** den Blick am Feuer weiden
	Homo sapiens	**supplicia haurire** büßen
	human, e. human, s. humano	
Ci, Pl	Humanität, Humanismus, e. humanity f. humanité	**Haec cognovi.** 13 Dies (Diese Dinge) weiß ich. **Frater haec dixit: „…"** Der Bruder sagte Folgendes: „…"

24	honor/honōs	honōris m	Ehre, Ehrenamt
25	honestus	honesta, honestum	ehrenhaft, angesehen
26	hōra	hōrae	Stunde, Zeit
27	hortārī	hortor, hortātus sum	auffordern, ermahnen
28	hostis	hostis m (*Gen. Pl.* **-ium**)	Feind, Landesfeind
29	hospes	hospitis m	Fremder, Gast, Gastgeber
30	humus	humī f	Erdboden, Erde

honorieren, Honorar, e. honour e. honest, f. honnête, s. honesto	**in honore esse** 24 in Ehren stehen, angesehen sein **honore affici** geehrt werden, Anerkennung bekommen
Uhr, e. hour, f. heure, i. ora, s. hora	
	eā horā 26 in dieser Stunde
Hospital, Hospiz, Hotel, e. host	**Quot servi, tot hostes.** 28 Wie viele Sklaven (du hast), so viele Feinde (hast du). (Seneca)
Humus, ex-humieren	

1	iactāre	iactō	schleudern; rühmen
2	adicere	adiciō, adiēcī, adiectum	hinzufügen
3	conicere	coniciō, coniēcī, coniectum	(zusammen)werfen, folgern, vermuten
4	ēicere	ēiciō, ēiēcī, ēiectum	hinauswerfen, vertreiben
5	obicere	obiciō, obiēcī, obiectum	darbieten, vorwerfen
6	subicere	subiciō, subiēcī, subiectum	darunter legen; unterwerfen
7	iacēre	iaceō	liegen
8	iānua	iānuae	Tür, Haustür, Eingang
9	idōneus	idōnea, idōneum	geeignet, passend
10	ignis	ignis *m*	Feuer
11	ille	illa, illud (*Gen.* illīus, *Dat.* illī)	jener, jene, jenes
12	illīc	*Adv.*	dort
13	illūc	*Adv.*	dahin, dorthin
14	illinc	*Adv.*	dort, von dort
15	ōlim	*Adv.*	einst, vor langer Zeit; schon lange, längst
16	ultimus	ultima, ultimum	der äußerste, der entfernteste, der letzte
17	ultrō	*Adv.*	freiwillig, noch dazu, sogar
18	ultrō citrōque	*Adv.*	hinüber und herüber
19	imāgō	imāginis *f*	Bild, Abbild
20	imitārī	imitor, imitātus sum	nachahmen
21	imminēre	immineō (*m. Dat.*)	drohen; herüberragen (über)
22	mōns	montis *m* (*Gen. Pl.* -ium)	Berg
23	immō	*Adv.*	im Gegenteil, ja sogar
24	in	*Präp. m. Akk.*	in (... hinein), nach (... hin), gegen (*wohin?*)
25		*Präp. m. Abl.*	in, an, auf, bei (*wo?*)
26	inter	*Präp. m. Akk.*	unter, während, zwischen
27	intrā	*Präp. m. Akk.*	innerhalb (von)

	f. jeter, s. echar	**tela iactare** 1 Wurfgeschosse schleudern
	Adjektiv	
	Konjektur	**carmina poetae iactare** die Lieder eines Dichters rühmen
	„Eject"	
	Objekt, objektiv, e. object, f. objet	**se iactare** sich brüsten, angeben
	Subjekt, Sujet, e. subject, f. sujet	
K, N	Januar	**furem in vincula conicere** 3 den Dieb in Fesseln legen (ins Gefängnis werfen)
	s. idóneo	**ex oraculo bene conicere** aus einem Orakel die richtigen Schlüsse ziehen
	f. il, elle, le, la, i. il, la, s. el, la	**in exilium eicere** 4 in die Verbannung treiben
K, M		**cani cibum obicere** 5 dem Hund Futter vorwerfen
K, Pl		
	Ultimatum, Ultima ratio, ultimativ	**se hosti obicere** dem Feind entgegentreten, sich dem Feind zeigen
		furi crimen obicere einem Dieb (s)ein Verbrechen vorwerfen
	Image, Imagination, e./f. image	
	imitieren, Imitation, f. imiter, i. imitare	**ad ultimum** 16 (bis) zuletzt
O, Pl	imminent	**tectum imminens** 21 ein vorspringendes Dach
	Mount Everest, e. mount(ain), f. mont	
		periculum imminens eine drohende Gefahr
	e./i. in, f./s. en	**in silvam** 24 in den Wald
	e. into, f./s. en, i. in	
	inter-national, intern, f./s. entre, i. tra	**in hostes** gegen die Feinde
	intra-venös, i. entro	

28	intrāre	intrō	betreten, eintreten
29	interim	Adv.	inzwischen
30	intereā	Adv.	inzwischen, unterdessen
31	interdum	Adv.	manchmal
32	intrō	Adv.	hinein
33	intus	Adv.	im Inneren, innen
34	inānis	ināne	leer, wertlos
35	incohāre	incohō	anfangen, beginnen
36	īnferī	īnferōrum *m Pl.*	Unterwelt, Bewohner der Unterwelt
37	īnfestus	īnfesta, īnfestum	feindlich, feindselig
38	manifestus	manifesta, manifestum	offenkundig; überführt
39	inquam	(3. Pers. Sg. inquit)	sag(t)e ich
40	īnstruere	īnstruō, īnstrūxī, īnstrūctum	aufstellen, ausrüsten, unterrichten
41	īnsula	īnsulae	Insel; Wohnblock
42	īra	īrae	Zorn
43	īrāscī	īrāscor (*m. Dat.*)	in Zorn geraten, zornig sein (gegen/über)
44	īre	eō, iī, itum	gehen
45	iter	itineris *n*	Reise, Marsch, Weg
46	abīre	abeō, abiī, abitum	weggehen
47	adīre	adeō, adiī, aditum (*m. Akk.*)	herantreten (an), jdn. bitten
48	aditus	aditūs *m*	Zugang
49	exīre	exeō, exiī, exitum	herausgehen
50	exitium	exitiī	Untergang, Verderben, Tod
51	exitus	exitūs *m*	Ausgang; (Lebens-)Ende
52	inīre	ineō, iniī, initum	hineingehen, beginnen
53	initium	initiī	Anfang, Eingang

	entern, e. to enter, f. entrer, i. entrare	**Bonus intra, melior exi!** Tritt als guter Mensch ein, geh als besserer hinaus!	28
O, Pl			
Ci, K	intro-vertiert	**intro ire (abire, redire)** hereinkommen, hineingehen	32
		Scelus manifestum est. Das Verbrechen ist offenkundig (erwiesen).	38
Ca, Pl	Verba incohativa	**Manifestum est puellam te decepisse.** Es ist offenkundig, dass dich das Mädchen getäuscht hat.	
	Inferno, infernalisch		
		Bene instructi milites profecti sunt. Gut ausgerüstet brachen die Soldaten auf.	40
	Manifest	**Liberi bene instructi laeti domum eunt.** Nachdem die Kinder gut unterrichtet worden sind, gehen sie fröhlich nach Hause.	
	Instruktion, Instrument, e. to instruct	**Tibi irascor.** Ich bin zornig auf dich.	43
	isolieren, Isolation, f. île, i. isola, s. isla	**senatorem adire** sich an einen Senator wenden	47
		Circum Maximum adire den Circus Maximus aufsuchen	
	s. ir	**exitus avunculi mei** das (Lebens-)Ende meines Onkels	51
	Abitur, Abiturient	**consulatum inire** das Konsulat antreten	52
		proelium inire eine Schlacht beginnen	
	i. uscire		
Ci, O		**consilium inire** einen Plan (Entschluss) fassen	
N, Pl	„Exit", Exitus, e. exit, i. uscita		
	Initiative, i. inizio, s. inicio		

54	perīre	pereō, periī, peritūrum	umkommen, zugrunde gehen
55	praeterīre	praetereō, praeteriī, praeteritum	vorbeigehen; übergehen
56	praetor	praetōris m	Prätor
57	prōdīre	prōdeō, prōdiī, prōditum	auftreten, vorrücken, hervortreten, sich zeigen, da sein
58	redīre	redeō, rediī, reditum	zurückgehen, zurückkehren
59	subīre	subeō, subiī, subitum	auf sich nehmen, herangehen
60	subitus	subita, subitum	plötzlich, unerwartet
61	subitō	Adv.	plötzlich
62	trānsīre	trānseō, trānsiī, trānsitum	durchqueren, hinübergehen, überschreiten
63	comes	comitis m /f	Begleiter(in), Gefährte, Gefährtin
64	quīre	queō, quīvī (quiī)	können
65	nequīre	nequiō, nequī(v)ī	nicht können

66	is	ea, id (*Gen.* eius, *Dat.* eī)	dieser, diese, dieses; er, sie, es
67	iste	ista, istud (*Gen.* istīus, *Dat.* istī)	dieser (da)
68	ipse	ipsa, ipsum (*Gen.* ipsīus, *Dat.* ipsī)	(er, sie, es) selbst
69	īdem	eadem, idem	derselbe, der gleiche
70	eōdem	Adv.	dorthin, ebendorthin
71	identidem	Adv.	immer wieder, wiederholt
72	ibi	Adv.	dort
73	eō	Adv.	dorthin; deswegen
74	ideō	Adv.	deshalb
75	adeō	Adv.	so sehr
76	inde	Adv.	von dort; darauf; deshalb
77	deinde	Adv.	dann, darauf
78	proinde	Adv.	also, daher
79	iam	Adv.	nun, schon
80	nōn iam	Adv.	nicht mehr
81	etiam	Kj.	auch, sogar
82		*beim Komparativ*	noch
83	ita	Adv.	so
84	itaque	Adv.	deshalb
85	item	Adv.	ebenso, gleichfalls

	e. to perish, s. perecer	**castra praeterire** 55 am Lager vorbeigehen
	Präteritum	**factum praeterire** eine Tatsache übergehen
N, O, Ph		
		in contionem prodire 57 in (vor) der Volksversammlung auftreten
O, Pl		
	i. subito (sofort)	**Is vir mihi affuit.** 66 Dieser Mann hat mir geholfen.
	Transit, transitiv	**Auxilio eius servatus sum.** Durch seine Hilfe wurde ich gerettet.
	e. count, f. comte, s. conde	
K, O		**Itaque ei gratiam debeo.** Daher schulde ich ihm Dank.
		Cicero ipse 68 Cicero persönlich (selbst)
	f. ce, i. questo, s. este	
	s. ese	**hac ipsa nocte** gerade in dieser Nacht
	identisch, Identität	
C, Ci, O		**Complures socii eodem** 70 **convenerunt.** Ebendort kamen mehrere Gefährten zusammen.
Ca, Pl	f. y	
Ph, Pl		**Tot viri identidem currentes** 71 **equos videre cupiunt.** So viele Männer wollen immer wieder Pferde rennen sehen.
	f. déjà, i. già, s. ya	**proinde ac si** 78 **proinde quasi** gleich als ob, gerade wie wenn
		Etiam melius evenit, 82 **ut tu mihi adsis.** Noch besser trifft es sich, dass du mir hilfst.

I

86	**iterum**	*Adv.*	wiederum
87	**istic**	*Adv.*	da (bei dir), dort
88	**iubēre**	**iubeō, iussī, iussum** (*m. Akk.*)	befehlen, anordnen
89	**iugum**	**iugī**	Berg(rücken), Joch
90	**iungere**	**iungō, iūnxī, iūnctum**	verbinden, vereinigen
91	**adiungere**	**adiungō, adiūnxī, adiūnctum**	hinzufügen, anschließen
92	**coniungere**	**coniungō, coniūnxī, coniūnctum**	verbinden, vereinigen
93	**coniūnx**	**coniugis** *m/f*	Gatte, Gattin
94	**iūs**	**iūris** *n*	Recht
95	**iūstus**	**iūsta, iūstum**	gerecht
96	**iniūria**	**iniūriae**	Unrecht, Beleidigung
97	**iūrāre**	**iūrō**	schwören
98	**iūs iūrandum**	**iūris iūrandī** *n*	Eid, Schwur
99	**coniūrātiō**	**coniūrātiōnis** *f*	Verschwörung
100	**iūdex**	**iūdicis** *m*	Richter
101	**iūdicium**	**iūdiciī**	Urteil, Gericht
102	**iūdicāre**	**iūdicō**	urteilen, beurteilen
103	**iuvāre**	**iuvō, iūvī**	unterstützen, erfreuen
104	**iūcundus**	**iūcunda, iūcundum**	angenehm, erfreulich
105	**iuvenis**	**iuvenis** *m*	junger Mann
106		*Adj.*	jung
107	**iuventūs**	**iuventūtis** *f*	Jugend

K

1	Kalendae	Kalendārum *f Pl.*	der erste Tag (eines Monats)

	iterativ	**Dux castra muniri iussit.**	88
		Der Anführer befahl, das Lager zu befestigen.	
		Der Anführer ließ das Lager befestigen.	
	Jussiv	**Dux milites castra munire iussit.**	
		Der Anführer befahl den Soldaten,	
		das Lager zu befestigen.	
	Junktur, e. to join, s. juntar, f. joindre	Der Anführer ordnete an, dass die	
	e. to adjoin, f. adjoindre, i. aggiùngere	Soldaten das Lager befestigen.	
	Konjunktion, Konjunktiv, Konjunktur	**equos ad currum iungere**	90
		Pferde an den Wagen spannen	
		naves iungere	
		eine Schiffsbrücke bauen	
	Jura, Jurist, Jurisdiktion, Jurisprudenz	**amicitia iunctus**	
	Justiz, e. just, f. juste, i. giusto, s. justo	in Freundschaft verbunden	
	e. injury		
	f. jurer, i. giurare, s. jurar	**rem iudicare**	102
		eine gerichtliche Entscheidung treffen	
		verum iudicare	
	e. judge, f. juge, i. giudice, s. juez	ein richtiges Urteil fällen	
	e. judgement, f. jugement, i. giudizio	**de homine iudicare**	
	Judikative, e. to judge, f. juger, s. juzgar	über einen Menschen urteilen	
		hominem (ex) ingenio iudicare	
		einen Menschen nach seiner Begabung	
		beurteilen	
		locum opportunum iudicare	
	e. young, f. jeune, i. giovane, s. joven	einen Ort günstig beurteilen,	
		einen Ort für günstig halten	
	f. jeunesse, i. gioventù, s. juventud		

Ci, G	Kalender	**Kalendae Ianuariae**	1
		der 1. Januar	

L

1	**labor**	**labōris** m	Arbeit, Anstrengung
2	**labōrāre**	**labōrō**	arbeiten, sich anstrengen
3		(m. Abl.)	leiden (an)
4	**lacrima**	**lacrimae**	Träne
5	lacrimāre	lacrimō	weinen, beweinen
6	**lacus**	**lacūs** m	See, Teich
7	**laedere**	**laedō, laesī, laesum**	beschädigen, verletzen
8	**laetus**	**laeta, laetum**	froh; fruchtbar
9	**laetitia**	**laetitiae**	Freude
10	laniāre	laniō	zerfleischen, zerfetzen, zerreißen
11	**latēre**	**lateō**	verborgen sein
12	**lātus**	**lāta, lātum**	breit, ausgedehnt
13	**latus**	**lateris** n	Flanke, Seite
14	**laus**	**laudis** f	Lob, Ruhm
15	**laudāre**	**laudō**	loben
16	lavāre	lavō, lāvī, lautum	waschen, baden
17	**lectus**	**lectī**	Bett, Liegesofa
18	**legere**	**legō, lēgī, lēctum**	lesen; auswählen
19	**legiō**	**legiōnis** f	Legion (ca. 5000–6000 Mann)
20	lignum	lignī	Holz, Brennholz
21	**colligere**	**colligō, collēgī, collēctum**	sammeln
22	**dēligere**	**dēligō, dēlēgī, dēlēctum**	(aus)wählen
23	**dīligere**	**dīligō, dīlēxī, dīlēctum**	hochachten, lieben
24	**dīligēns**	**dīligentis**	sorgfältig, gewissenhaft

	Labor(atorium), i. lavoro	**Nil sine magno vita labore**	1
	i. lavorare	**dedit mortalibus.**	
	laborieren	Das Leben hat den Menschen (noch) nichts ohne große Anstrengung gegeben. (Horaz)	
	f. larme, i. lacrima, s. lágrima	**Medici laborant,**	2
K, N		**ut homines valeant.**	
		Die Ärzte bemühen sich darum, dass die Menschen gesund sind.	
	e. lake, f. lac, i./s. lago		
		Avus morbo gravi laborat.	3
	lädieren	Der Großvater leidet an einer schweren Krankheit.	
	i. lieto		
		Exercitus flumen latum transiit.	12
		Das Heer überschritt einen breiten Fluss.	
G, O			
		Exercitus hostem a latere	13
	latent	**aggressus est.**	
		Das Heer griff den Feind von der Flanke (Seite) her an.	
	multi-lateral, bi-lateral, i. lato, s. lado	**lavari**	16
		sich waschen, baden	
	i. lode		
	Laudatio, f. louer, i. lodare	**Manus manum lavat.**	
		Eine Hand wäscht die andere. (Petron)	
K, M, Pl	f. laver, i. lavare, s. lavar	**librum legere**	18
		ein Buch lesen	
	f. lit, i. letto		
		iudices legere	
		Richter auswählen	
	Lektüre, Lektion, f. lire, i. leggere, s. leer		
	Legionär, e. legion, f. légion	**locum castris idoneum deligere**	22
G, K	i. legno	einen geeigneten Platz für das Lager auswählen	
	Kollekte, Kollektion, kollektiv		
		Dilexi tum te, ut pater natos diligit.	23
	e./f. diligent, i./s. diligente	Damals habe ich dich geliebt, wie ein Vater seine Söhne liebt.	

L

25	dīligentia	dīligentiae	Sorgfalt, Aufmerksamkeit
26	intellegere	intellegō, intellēxī, intellēctum	(be)merken, verstehen
27	neglegere	neglegō, neglēxī, neglēctum	nicht (be)achten, vernachlässigen
28	religiō	religiōnis f	Glaube, Aberglaube, (Gottes-)Verehrung, Frömmigkeit, Gewissenhaftigkeit
29	religiōsus	religiōsa, religiōsum	fromm, gewissenhaft, heilig
30	leō	leō m	Löwe
31	lepidus	lepida, lepidum	geistreich, nett, unterhaltsam, witzig; lieb, schön
32	levis	leve	leicht, leichtsinnig
33	lēx	lēgis f	Gesetz, Bedingung
34	lēgātus	lēgātī	Gesandter, Bevollmächtigter
35	lēgātiō	lēgātiōnis f	Gesandtschaft
36	liber	librī m	Buch
37	libellus	libellī	kleines Buch, Heft
38	līber	lībera, līberum	frei
39	līberī	līberōrum m Pl.	Kinder
40	līberāre	līberō	befreien, freilassen
41	lībertās	lībertātis f	Freiheit
42	libet	libuit	es gefällt
43	libēns	libentis	gern
44	libīdō	libīdinis f (m. Gen.)	(heftiges) Verlangen (nach), Lust, Willkür
45	licet	licuit	es ist erlaubt, es ist möglich
46	licentia	licentiae	Freiheit, Willkür
47	scīlicet	Adv.	freilich, natürlich, selbstverständlich
48	pollicērī	polliceor, pollicitus sum	versprechen

C, Ci		**nihil religiosi** nichts Heiliges	29
	Intellekt, intelligent, Intelligenz		
	Negligé, e. to neglect, f. négliger	**iudices religiosi** gewissenhafte Richter	
	Religion, e./f. religion, i. religione		
		religiosi fromme Leute	
Ci, G	religiös, e. religious, i./s. religioso		
	e./f. lion, i. leone, s. león	**Cui dono lepidum novum libellum?** Wem schenke (widme) ich das unterhaltsame neue Büchlein? (Catull)	31
Ca, G, K			
		legem ferre ein Gesetz beantragen	33
	s. leve	**leges duodecim tabularum** das Zwölftafelgesetz	
	legal, legitim, Legislative, i. legge, s. ley	**leges pacis** Friedensbedingungen	
	Legat		
	Delegation	**ea lege, ut** unter der Bedingung, dass	
	Libretto, f. livre, i./s. libro		
		Ciceronis libri a nobis leguntur. Ciceros Bücher werden von uns gelesen.	36
	Liberalismus, liberal, f./s. libre, i. libero		
		Homines liberi a metu esse volunt. Die Menschen wollen frei von Furcht sein.	38
	liefern, e. to liberate, f. libérer, i. liberare		
	e. liberty, f. liberté, i. libertà, s. libertad	**Liberi parentibus gratiam debent.** Kinder schulden ihren Eltern Dank.	39
		Mihi libet alios quoque libros legere. Es gefällt mir, auch andere Bücher zu lesen. Ich will auch andere Bücher lesen.	42
	Libido		
	Lizenz, e./f. licence, i. licenza, s. licencia	**Nobis licet Ciceronis libros legere.** Es ist uns möglich, Ciceros Bücher zu lesen. Wir können Ciceros Bücher lesen.	45

49	lingua	linguae	Rede, Sprache
50	linquere	linquō, līquī, lictum	verlassen, zurücklassen
51	**relinquere**	**relinquō, relīquī, relictum**	verlassen, zurücklassen, unbeachtet lassen
52	**reliquus**	**reliqua, reliquum**	übrig, künftig
53	liquor	liquōris *m*	Wasser, Flüssigkeit
54	**littera**	**litterae**	Buchstabe
55	**litterae**	**litterārum** *f Pl.*	Brief; Literatur, Wissenschaft
56	**lītus**	**lītoris** *n*	Küste, Strand
57	locus	locī (*Pl.* loca, locōrum)	Ort, Platz, Stelle
58	**locāre**	**locō**	aufstellen, setzen; vermieten
59	**collocāre**	**collocō**	aufstellen, unterbringen
60	locuplēs	locuplētis	reich, wohlhabend
61	**longus**	**longa, longum**	lang, weit
62	longinquus	longinqua, longinquum	lang (dauernd), weit entfernt
63	**loquī**	**loquor, locūtus sum**	reden, sprechen
64	colloquī	colloquor, collocūtus sum	sich unterhalten; verhandeln, besprechen
65	**lūctus**	**lūctūs** *m*	Trauer
66	lūdere	lūdō, lūsī, lūsum	spielen; jdn. ärgern
67	lūdus	lūdī	Spiel; Schule
68	**lūx**	**lūcis** *f*	Licht, Tageslicht
69	**lūmen**	**lūminis** *n*	Licht; Auge

	Linguistik, e. language, i. lingua
Ca, O	
	Relikt, e. to relinquish
	Reliquien
O, Ph	Likör
	Letter, Alliteration
	e. letter, f. lettre, i. lettera, s. letra
	Lido, i. lido
	Lokal, lokal
	Lokativ, lokalisieren
	s. colocar
Ci, M	
	e./f. long, i. lungo
C, Pl	
	Eloquenz
C, N	Kolloquium
Ca, K, M	Präludium
M, Ph	
	Luzifer, e. light, i. luce, s. luz
	illuminieren, f. lumière, i. lume

Litteras tuas accepi. 55
Ich habe deinen Brief bekommen.

E litteris Latinis multa didici.
Aus der lateinischen Literatur habe ich viel gelernt.

Libenter litteris me dedi.
Gern habe ich mich mit der Wissenschaft befasst.

vita longa 61
ein langes Leben

via longa
ein weiter Weg

longe abesse
weit entfernt sein

longe maximus
der weitaus Größte

cum ave ludere 66
mit einem Vogel spielen

numero ludere
mit dem Versmaß spielen

lux solis 68
das Sonnenlicht

lux civitatis
das Glanzlicht (der Stolz) des Staates

prima luce
bei Tagesanbruch, bei Sonnenaufgang

lumina amittere 69
das Augenlicht verlieren

M

1	**magnus**	**magna, magnum**	groß, bedeutend
2	**magnitūdō**	**magnitūdinis** *f*	Größe
3	**māior**	**māius**	größer
4	**māiōrēs**	**māiōrum** *m Pl.*	Vorfahren
5	**magis**	*Adv.*	mehr, eher
6	magister	magistrī *m*	Lehrer; Vorsteher
7	**magistrātus**	**magistrātūs** *m*	Amt; Beamter
8	**maximus**	**maxima, maximum**	der größte, sehr groß
9	**maximē**	*Adv.*	am meisten, besonders
10	**malus**	**mala, malum**	schlecht, schlimm
11	**malum**	**malī**	Leid, Übel, Unglück
12	**male**	*Adv.*	schlecht, schlimm
13	**manēre**	**maneō, mānsī, mānsūrum**	bleiben, warten
14		*m. Akk.*	warten auf
15	**remanēre**	**remaneō, remānsī**	(zurück)bleiben
16	**manus**	**manūs** *f*	Hand; Schar (von Bewaffneten)
17	**mandāre**	**mandō**	einen Auftrag geben, übergeben
18	**manifestus**	**manifesta, manifestum**	offenkundig; überführt
19	**mare**	**maris** *n* (*Gen. Pl.* **-ium**)	Meer
20	**marītus**	**marītī**	Ehemann
21	**māter**	**mātris** *f*	Mutter
22	māteria	māteriae	(Bau-)Holz; Nahrung, Stoff
23	**mātūrus**	**mātūra, mātūrum**	reif, (früh)zeitig
24	**medius**	**media, medium**	der mittlere, in der Mitte (von)
25	**membrum**	**membrī**	Glied, Körperteil

	„Magnum"
	Major, Majorität, e. major, s. mayor
	s. más
K, M	e. master, f. maître, i./s. maestro
	Magistrat, f. magistrat
	maximal, Maximum, i. massimo
	f. mauvais, s. malo
	Malheur, f./s. mal, i. mal di ...
	f./s. mal, i. male
	permanent
	e. to remain, i. rimanere
	manuell, Manier, f. main, i./s. mano
	Mandant, Mandat, kommandieren
	Manifest
	Marine, maritim, f. mer, i. mare, s. mar
	f. mari, i. marito, s. marido
	e. mother, f. mère, i./s. madre
C, O	Materie, materiell, Material, e. material
	Matura, e. mature, i. maturo, s. maduro
	Medium, e. middle, i./s. medio
	e. member, i. membro, s. miembro

Auctoritati maiorum pareo. 4
Ich folge dem Ansehen (Vorbild) der Vorfahren.

Monumenta Romae adhuc manent. 13
Die Denkmäler Roms haben noch Bestand.

Libri Ciceronis saecula manent.
Ciceros Bücher überdauern die Jahrhunderte.

Mane!
Bleib stehen! Warte!

Servi dominum manent. 14
Die Sklaven warten auf den Herrn.

salutem plebis tribunis mandare 17
das Wohlergehen des Volkes in die Hand der Tribunen legen

Ciceroni consulatum mandare
Cicero das Konsulat übertragen

servo mandare
dem Sklaven einen Auftrag geben

se fugae mandare
fliehen

verba memoriae mandare
sich die Worte einprägen

verba litteris mandare
die Worte aufschreiben

media in pace 24
mitten im Frieden

media in insula
mitten auf der Insel,
auf der mittleren Insel

medio in foro
mitten auf dem Forum

M

26	meminisse	meminī *m. Gen./Akk.*	sich erinnern an; daran denken
27	mēns	mentis *f*	Geist, Sinn, Verstand; Meinung
28	monēre	moneō	mahnen, ermahnen
29		*mit* nē	warnen
30	admonēre	admoneō	auffordern, ermahnen, lehren
31		(*m. Gen.*)	erinnern (an)
32	monumentum	monumentī	Denkmal
33	dēmōnstrāre	dēmōnstrō	beweisen, darlegen
34	memor	memoris *m. Gen.*	in Erinnerung an
35	memoria	memoriae	Erinnerung, Gedächtnis; Zeit
36	memorāre	memorō	erwähnen, sagen
37	commemorāre	commemorō	erwähnen, erinnern (an)
38	mora	morae	Aufenthalt, Verzögerung
39	morārī	moror, morātus sum	(sich) aufhalten
40	mēnsis	mēnsis *m* (Gen. Pl. **-ium**)	Monat
41	mercēs	mercēdis *f*	Lohn
42	merēre	mereō, meruī, meritum	verdienen
43	meritō	*Adv.*	mit Recht, verdientermaßen
44	meretrīx	meretrīcis *f*	Dirne
45	metus	metūs *m*	Angst
46	metuere	metuō, metuī	(sich) fürchten
47	meus	mea, meum	mein
48	mēcum	(~ cum mē)	mit mir
49	mīles	mīlitis *m*	Soldat
50	mīlitāris	mīlitāre	Kriegs-, militärisch
51	mīlle	*Sg. indekl.*	tausend
52		*Pl.* mīlia, mīlium	

	mental, Mentalität, Kommentar, e. mind	
	monieren, Monitor	
Ph, Pl		
	e./f. monument, i./s. monumento	
	demonstrieren, Demonstrativpronomen	
	Memoiren, Memory, e. memory	
	memorieren	
Ci, N		
	Moratorium	
	e. month, f. mois, i. mese, s. mes	
	f. merci, s. merced	
C, O	Meriten, emeritiert	
K, Ph		
K, M		
	s. miedo	
	e. my, f. mon, i. mio, s. mi	
	Militär, e. military, f. militaire, i. militare	
	Millimeter, Milligramm, Million	

Maiorum (maiores) libenter meminimus. Wir erinnern uns gerne an die Vorfahren.	26

Memini avum saepe patriam desideravisse. Ich denke daran, dass mein Großvater oft seine Heimat vermisst hat.	

Dominus servum monet, ut properet. Der Herr mahnt den Sklaven, sich zu beeilen.	28

Dominus servum monet, ne diutius moretur. Der Herr warnt den Sklaven davor, sich zu lange aufzuhalten.	29

Amicum aeris alieni admoneo. Ich erinnere den Freund an seine Schulden.	31

memor rerum gestarum in Erinnerung an die Taten	34

patrum memoria zur Zeit der Väter	35
memoriā tenere im Gedächtnis behalten	

Exempla, quae supra memoravi, delectant. Die Beispiele, die ich oben erwähnt habe, machen Freude.	36
Multi memorant libros utiles esse. Viele sagen, dass Bücher nützlich sind.	
Libri utiles esse memorantur. Man sagt, dass Bücher nützlich sind. Bücher sollen nützlich sein.	

M

53	minor	minus	kleiner, geringer
54	minus	Adv.	weniger
55	minimus	minima, minimum	der kleinste, der geringste
56	minimē	Adv.	am wenigsten, überhaupt nicht
57	nimius	nimia, nimium	übermäßig, zu groß
58	nimis/nimium	Adv.	(all)zu, (all)zu sehr

59	mīrus	mīra, mīrum	erstaunlich; wunderbar
60	mīrārī	mīror, mīrātus sum	bewundern, sich wundern
61	admīrārī	admīror, admīrātus sum (m. Akk.)	bewundern, sich wundern (über), staunen
62	admīrātiō	admīrātiōnis f (m. Gen.)	Bewunderung, Staunen, (großes) Interesse (an)

| 63 | miscēre | misceō, miscuī, mixtum | mischen; verwirren |

| 64 | miser | misera, miserum | arm, erbärmlich, unglücklich |
| 65 | miseria | miseriae | Not, Unglück, Elend |

| 66 | mītis | mīte | mild, zahm |

67	mittere	mittō, mīsī, missum	werfen, schicken, (los)lassen
68	admittere	admittō, admīsī, admissum	hinzuziehen, zulassen
69	āmittere	āmittō, āmīsī, āmissum	verlieren, aufgeben
70	committere	committō, commīsī, commissum	anvertrauen; veranstalten, zustande bringe
71	dēmittere	dēmittō, dēmīsī, dēmissum	hinabschicken, sinken lassen
72	dīmittere	dīmittō, dīmīsī, dīmissum	aufgeben, entlassen
73	ēmittere	ēmittō, ēmīsī, ēmissum	entsenden, freilassen
74	omittere	omittō, omīsī, omissum	aufgeben, beiseite lassen
75	permittere	permittō, permīsī, permissum	erlauben, überlassen
76	praemittere	praemittō, praemīsī, praemissum	vorausschicken
77	prōmittere	prōmittō, prōmīsī, prōmissum	versprechen
78	remittere	remittō, remīsī, remissum	zurückschicken, nachlassen, vermindern

	Minorität, e. minor, f. mineur, i. minore	
	minus	
	Minimum, minimal, i. minimo, s. mínimo	
	Mirakel, „Mirácoli", e. marvellous	
G, N	e. to admire, f. admirer, i. ammirare	
G, N	e./f. admiration, s. admiración	
	mixen, Mixtur, Mixer, e. to mix	
	miserabel, e./s. miserable, f. misérable	
Ci, K	Misere, e. misery, f. misère, i./s. miseria	
G, O		
	Messe, Mission, f. mettre, i. mettere	
	e. to admit, f. admettre, i. ammettere	
	Kommission, Kommissar, e. to commit	
	Demission	
	e. to dismiss, s. dimitir	
	emittieren, Emission	
	e. to permit, f. permettre, s. permitir	
	Prämisse	
	e. to promise, f. promettre, s. prometer	
	Remittende	

Minime dives sum.   56
Ich bin keineswegs reich.

Hoc mihi minime placet.
Das gefällt mir überhaupt nicht.

nimis (nimium) felix   58
zu glücklich

nimis (nimium) studere
sich zu sehr bemühen

Nil nimium!
Ne quid nimis!
Nichts im Übermaß! (Terenz)

Te miror.   60
Ich bewundere dich.
Ich wundere mich über dich.

Miror te laetum esse.
Ich wundere mich, dass du fröhlich bist.

puerum in aquam mittere   67
den Jungen ins Wasser werfen

litteras ad regem mittere
dem König einen Brief schicken

legatos de pace mittere
wegen eines Friedensschlusses
Gesandte schicken

equitatum auxilio mittere
die Reiterei zu Hilfe schicken

scelus (facinus) committere   70
ein Verbrechen (eine Untat) begehen

proelium committere
eine Schlacht beginnen

M

79	modus	modī		Art, Weise; Maß
80	modo	Adv.		eben (noch); nur
81	modo ... modo	Adv.		manchmal ... manchmal
82	nōn modo ... sed etiam			nicht nur ... sondern auch
83	quemad- modum	Adv.		auf welche Weise (auch immer), wie
84	quōmodo	Adv.		wie
85	commodus	commoda, commodum		angemessen, angenehm, günstig
86	commodum	commodī		Bequemlichkeit, Vorteil
87	incommodum	incommodī		Nachteil, Schaden, Unglück
88	eiusmodī	indekl.		derartig, so beschaffen
89	medicus	medicī		Arzt
90	moenia	moenium	n Pl.	(Stadt-)Mauern
91	mūnīre	mūniō		bauen, befestigen, schützen
92	mūnītiō	mūnītiōnis	f	Bau, Befestigung
93	mūrus	mūrī		Mauer
94	mōlīrī	mōlior, mōlītus sum		(an)treiben; planen, unternehmen
95	molestus	molesta, molestum		langweilig, lästig, beschwerlich
96	mollis	molle		weich, angenehm; freundlich
97	morī	morior, mortuus sum		sterben
98	mortuus	mortua, mortuum		tot
99	mors	mortis	f	Tod
100	mortālis	mortāle		sterblich
101		Subst.		Mensch
102	immortālis	immortāle		unsterblich
103	morbus	morbī		Krankheit
104	mōs	mōris	m	Sitte, Brauch
105	mōrēs	mōrum	m Pl.	Charakter

	Modus, Modell, Modalität, Mode	**hoc modo** — auf diese Weise — 79
		nullo modo — keineswegs, keinesfalls
		munitionem facere — eine Befestigung anlegen — 92
Ci, K		**Hostes id moliuntur, ut omnia perturbent.** — 94 Die Feinde planen (arbeiten darauf hin), alles in Verwirrung zu bringen.
	Kommode, f. commode, s. cómodo	
C, Ci		
M, O	Medizin, Medikament, s. médico	**Morituri te salutant.** — 97 Die Todgeweihten grüßen dich. (Sueton)
		De mortuis nil nisi bene! — 98 Über die Toten nur Gutes!
	f. munir	**Mors certa, hora incerta.** — 99 Der Tod ist sicher, die (Todes-)Stunde ungewiss.
	Munition	
	f. mur, i./s. muro	
	demolieren	
Ca, K		**Per deos immortales!** — 102 Bei den unsterblichen Göttern!
	Moll, mollig, f. mou, mol	**Alius alio more vivit.** — 104 Jeder lebt nach einer anderen Sitte.
	f. mourir, i. morire, s. morir	**Boni mores petendi sunt.** — 105 Ein guter Charakter ist erstrebenswert.
Ci, M, N	f. mort, i. morto, s. muerto	
	f. mort, i. morte, s. muerte	**Amici mores noveris, non oderis.** Den Charakter eines Freundes sollst du kennen, nicht hassen.
	Salto mortale, e. mortal, i. mortale	
	e. immortal, f. immortel, s. inmortal	
	morbide	
	Moral, moralisch	

M

106	movēre	moveō, mōvī, mōtum	bewegen
107	mōtus	mōtūs *m*	Bewegung
108	commovēre	commoveō, commōvī, commōtum	bewegen, veranlassen
109	permovēre	permoveō, permōvī, permōtum	beunruhigen, veranlassen

| 110 | mox | *Adv.* | bald; dann |

| 111 | mulier | mulieris *f* | Frau |

112	multus	multa, multum	viel
113	multō	*Adv.*	(um) viel
114	multum	*Adv.*	sehr, viel
115	multitūdō	multitūdinis *f*	große Zahl, Menge

| 116 | mūnus | mūneris *n* | Aufgabe, Geschenk |
| 117 | commūnis | commūne | gemeinsam, allgemein |

| 118 | mūtāre | mūtō | (ver)ändern, verwandeln |
| 119 | mūtuus | mūtua, mūtuum | gegenseitig, geliehen |

Motiv, Motor, e. to move, s. mover

i. commuòvere, s. commover

i. moglie, s. mujer

multiplizieren, multikulturell, i. molto

i. molto, s. mucho
e./f. multitude, s. multitud

Kommunion, Kommunismus

sich mausern, s. mudar

Ca, G

---

castra movere 106
das Lager abbrechen,
weiterziehen

bellum movere
Krieg verursachen

odium movere
Hass hervorrufen

fatum movere
das Schicksal beeinflussen

---

multo maior (magis, minus) 113
viel größer (mehr, weniger)

---

multum posse (valere) 114
viel gelten, großen Einfluss haben

multum temporis
viel Zeit

multum viae
eine beträchtliche Wegstrecke

---

munera mittere 116
Geschenke schicken

munus gladiatorium dare
Gladiatorenspiele veranstalten

liber ab omni munere
frei von jeder Verpflichtung

Sententiam saepe mutas. 118
Du änderst deine Meinung oft.

**Tempora mutantur,
nos et mutamur in illis.**
Die Zeiten ändern sich,
und wir ändern uns mit ihnen.

N

1	**nam**	*Kj.*	denn, nämlich
2	**namque**	*Kj.*	denn, nämlich
3	**enim**	*Kj.*	nämlich, in der Tat
4	etenim	*Kj.*	denn, nämlich
5	**nāvis**	**nāvis** *f* (*Gen. Pl.* **-ium**)	Schiff
6	**-ne**	*im direkten Fragesatz*	(*unübersetzt*)
7		*im indirekten Fragesatz*	ob
8	**nē**	*im Hauptsatz*	nicht (*verneinter Befehl oder Wunsch*)
9		*Subj. m. Konj.*	dass nicht, damit nicht
10			dass (*nach Ausdrücken des Fürchtens und Hinderns*)
11	**nē ... quidem**		nicht einmal
12	**nec**	*Kj.*	und nicht, auch nicht, nicht einmal
13	**neque**	*Kj.*	und nicht, auch nicht, nicht einmal
14	**nec ... nec**	*Kj.*	weder ... noch
15	**neque ... neque**	*Kj.*	weder ... noch
16	**nēve/neu**	*Kj.*	oder nicht, und nicht
17	**negāre**	**negō**	leugnen, verneinen, verweigern
18	**nihil/nīl**	*indekl.*	nichts
19	**nisi**	*Subj.*	wenn nicht
20			nur (*nach Verneinung*)
21	**nī**	*Subj.*	wenn nicht
22	**nepōs**	**nepōtis** *m*	Enkel
23	**nex**	**necis** *f*	Mord, Tod
24	**necāre**	**necō**	töten
25	**perniciēs**	**perniciēī** *f*	Verderben, Vernichtung
26	niger	nigra, nigrum	schwarz

	Ci, Pl	**Etenim** quid est, quod iam amplius exspectes? Was hast du denn für einen Grund, noch länger zu warten? (Cicero)	4
	Navigation, e. navy, i. nave	**Venis**ne? Kommst du? **Scitis**ne omnia vocabula? Wisst ihr alle Vokabeln?	6
	f. ne … pas	**Ne** me exspectetis! Ihr sollt nicht auf mich warten! **Ne** timueritis! Habt keine Angst!	8
		Corpus exerceo, ne morbo afficiar. Ich treibe Sport, damit ich nicht krank werde.	9
	i. né, s. ni i. né, s. ni f. ne … ni … ni, i. né … né, s. ni … ni f. ne … ni … ni, i. né … né, s. ni … ni	**Timeo, ne** morbo afficiar. Ich fürchte, dass ich krank werde.	10
	negieren, negativ, Negation, i. negare Nihilismus, Nihilist	**Ne** philosophus quidem omnia scit. Nicht einmal ein Philosoph weiß alles.	11
		nihil novi nichts Neues	18
	e. nephew, f. neveu, i. nipote	**non … nisi nemo … nisi nihil … nisi nullus … nisi** nur	20
M, O	f. noir, i. nero, s. negro		

27	nītī	nītor, nīxus sum (*m. Abl.*)	sich stützen (auf)
28		(**ad / in** *m. Akk.*)	streben (nach)
29	nitidus	nitida, nitidum	glänzend, schön
30	**nōmen**	**nōminis** *n*	Name
31	**nōmināre**	**nōminō**	nennen
32	**nōs**	*Nom.*	wir
33		*Akk.*	uns
34	**noster**	**nostra, nostrum**	unser
35	**nōscere**	**nōscō, nōvī, nōtum**	erkennen, kennenlernen
36	**nō(vi)sse**	**nōvī**	kennen, wissen
37	**nōtus**	**nōta, nōtum**	bekannt
38	**īgnōtus**	**īgnōta, īgnōtum**	unbekannt
39	**nōbilis**	**nōbile**	adelig, berühmt, vornehm
40	**nōbilitās**	**nōbilitātis** *f*	Adel, vornehme Abstammung
41	**cognōscere**	**cognōscō, cognōvī, cognitum**	erkennen, kennenlernen
42		*Perf.*	kennen, wissen
43	**īgnōscere**	**īgnōscō, īgnōvī, īgnōtum**	verzeihen
44	**īgnārus**	**īgnāra, īgnārum** (*m. Gen.*)	ohne Kenntnis, unwissend
45	**īgnōrāre**	**īgnōrō**	nicht kennen, nicht wissen
46	**narrāre**	**narrō**	erzählen
47	novem	*indekl.*	neun
48	nōnus	nōna, nōnum	der (die, das) neunte
49	**novus**	**nova, novum**	neu, ungewöhnlich
50	**nox**	**noctis** *f* (*Gen. Pl.* **-ium**)	Nacht
51	noctū	*Adv.*	nachts
52	**nocturnus**	**nocturna, nocturnum**	nächtlich

M, O

Nomen, Pronomen, nominal, f. nom
nominieren, Nominativ, i. nominare

f. nous, i. noi, s. nosotros
f. nous, i. noi, s. nos
f. notre, i. nostro, s. nuestro

e. to know
Notiz, e. known, i./s. noto
e. unknown, f. inconnu, i./s. ignoto
nobel, e./f./s. noble, i. nobile
f. noblesse, i. nobiltà, s. nobleza
f. connaître, i. conóscere, s. conocer

ignorieren, e. to ignore, f. ignorer
narrativ, i. narrare, s. narrar

G, O   November, f. neuf, i. nove, s. nueve
Ca, M   i. nono, s. no(ve)no

Novum, renovieren, f. nouveau, i. nuovo

e. night, f. nuit, i. notte, s. noche

C, N

f. nocturne, i. notturno

Senator auctoritate nititur.   27
Der Senator stützt sich (baut) auf
sein Ansehen.

Imperator ad (in) gloriam nititur.   28
Der Feldherr strebt nach Ruhm.

Nititur, ut laude afficiatur.
Er strebt danach, gerühmt zu werden.

Nunc te (cog)novi.   36.42
Jetzt kenne ich dich. (Catull)

ignarus legum   44
ohne Kenntnis der Gesetze

me ignaro
ohne mein Wissen

omnibus ignaris
ohne dass jemand etwas ahnt(e)

non ignorare   45
gut kennen, wohl wissen

novissimus dies   49
der Jüngste Tag

Catilina rebus novis studuit.
Catilina cupidus rerum novarum erat.
Catilina erstrebte eine Veränderung
der Verhältnisse.
Catilina arbeitete auf einen Umsturz hin.

ad multam noctem   50
bis spät in die Nacht

multa nocte
spät in der Nacht

proxima nocte
in der nächsten Nacht

media nocte
mitten in der Nacht, um Mitternacht

53	nūbere	nūbō, nūpsī, nūptum *m. Dat.*	heiraten
54	nūptiae	nūptiārum *f Pl.*	Hochzeit
55	nūbēs	nūbis *f (Gen. Pl. -ium)*	Wolke
56	nūdus	nūda, nūdum	nackt
57	num	*im direkten Fragesatz*	etwa
58		*im indirekten Fragesatz*	ob
59	nunc	*Adv.*	jetzt, nun
60	nūper	*Adv.*	neulich, vor kurzem
61	nūmen	nūminis *n*	Gottheit; göttlicher Wille
62	numerus	numerī	Zahl, Menge
63	nummus	nummī	Münze, Geldstück
64	nummī	nummōrum *m Pl.*	Geld, Vermögen
65	nūntius	nūntiī	Bote, Nachricht
66	nūntiāre	nūntiō	melden
67	prōnūntiāre	prōnūntiō	bekannt geben, vortragen

	e./f. nuptial	**Cornelia Tito nubit.** Cornelia heiratet Titus.	53
O, Pl		**Viri corpore nudo pugnant.** Die Männer kämpfen ungeschützt.	56
	Nudist, f. nu, i. nudo, s. desnudo	**Num negare audes?** Wagst du es etwa, nein zu sagen?	57
		Quaere e Claudia, num veniat! Frag Claudia, ob sie kommt!	58
		Nuper veni, nunc adsum, mox redibo. Vor kurzem kam ich, jetzt bin ich da, bald werde ich zurückkehren.	59.60
	numinos		
	Nummer, nummerieren, numerisch	**numen deorum** der Wille der Götter	61
K, M, Ph			
K, M, Ph		**simulacra numinum** Götterbilder	
	Nuntius, Annonce	**numerus clausus** eine beschränkte Zahl (Menge)	62
	denunzieren, annoncieren, f. annoncer		
C, Pl	e. to pronounce, f. prononcer		

O

1	ō(h)		ach, oh
2	ob	*Präp. m. Akk.*	wegen; für
3	oblīvīscī	oblīvīscor, oblītus sum (*m. Gen./Akk.*)	vergessen, nicht mehr denken an jdn./etw
4	obscūrus	obscūra, obscūrum	dunkel; unbekannt
5	oculus	oculī	Auge
6	ōdisse	ōdī *Perf.*	hassen
7	odium	odiī	Hass
8	omnis	omne	jeder, ganz
9	omnēs	omnium *Pl.*	alle
10	omnīnō	*Adv.*	insgesamt, überhaupt, völlig
11	onus	oneris *n*	Last
12	opīniō	opīniōnis *f*	Meinung, (guter) Ruf
13	opīnārī	opīnor, opīnātus sum	glauben, meinen
14	optāre	optō	wünschen
15	oportet	oportuit	es gehört sich, es ist nötig
16	oppidum	oppidī	Stadt (Kleinstadt)
17	ops	opis *f*	Hilfe, Kraft
18	opēs	opum *f Pl.*	Macht, Mittel, Reichtum
19	optimus	optima, optimum	der beste, sehr gut
20	cōpia	cōpiae	Menge, Vorrat, Möglichkeit
21	cōpiae	cōpiārum *f Pl.*	Truppen

	C, Ca	f. oublier, s. olvidar

Iniuriarum (iniurias) obliuisci non possum. 3
Ich kann die Beleidigungen nicht vergessen.

Non possum obliuisci meam hanc esse patriam.
Ich kann nicht vergessen, dass das meine Heimat ist. (Cicero)

Non possum obliuisci caedis et incendiorum.
Ich kann das Blutbad und die Brände nicht vergessen.

obskur, e. obscure, f. obscur, s. oscuro	
Okular, okulieren, e. oeil, i. occhio, s. ojo	
i. odiare, s. odiar	
i./s. odio	

odio esse 7
gehasst werden

Omnibus, omnipotent	

dies omnino quinque 10
insgesamt fünf Tage

omnino non dicere
überhaupt nicht sprechen

e./f. opinion, i. opinione, s. opinión	
s. opinar	
Option, adoptieren, f. opter	

summa ope niti 17
mit aller Kraft danach streben

opem ferre
Hilfe bringen

dives opum 18
reich an Schätzen

opes ingenii
die Kräfte des Verstandes

opulent	
optimal, Optimist	
Kopie, kopieren, e. copy, f. copie	

magna copia frumenti 20
ein großer Getreidevorrat

copia amicum iuvandi
die Möglichkeit, dem Freund zu helfen

copiae hostium 21
die Truppen der Feinde

22	cōpiōsus	cōpiōsa, cōpiōsum	reich (ausgestattet), reichlich (vorhanden) wortreich
23	**inopia**	**inopiae**	Mangel, Not
24	**opus**	**operis** *n*	Arbeit, Werk
25	**opus est**	*m. Abl.*	es ist nötig, man braucht (etw.)
26	**opera**	**operae**	Arbeit, Mühe
27	**officium**	**officiī**	Dienst, Pflicht(gefühl)
28	**ōrāre**	**ōrō**	bitten, beten
29	**ōrātiō**	**ōrātiōnis** *f*	Rede
30	ōrāculum	ōrāculī	Orakel, Orakelspruch
31	**orbis**	**orbis** *m* (*Gen. Pl.* **-ium**)	Kreis, Kreislauf; Erdkreis, Welt
32	**ōrdō**	**ōrdinis** *m*	Ordnung, Reihe, Stand
33	**ōrnāre**	**ōrnō**	schmücken, ausstatten
34	ōrnātus	ōrnātūs *m*	Schmuck, (schmuckvolle) Ausstattung
35	**orīrī**	**orior, ortus sum**	entstehen, sich erheben
36	**ōs**	**ōris** *n*	Gesicht, Mund
37	ōsculum	ōsculī	Kuss
38	**ōra**	**ōrae**	Küste
39	cōram	*Adv.*	vor aller Augen, öffentlich, persönlich
40	**ōtium**	**ōtiī**	freie Zeit, Ruhe (von berufl. Tätigkeit); Frieden
41	ōtiōsus	ōtiōsa, ōtiōsum	untätig, frei von Pflichten, ruhig, unbekümmert
42	**negōtium**	**negōtiī**	Aufgabe, Geschäft; Angelegenheit

Ci, G, Ph	e. copious, f. copieux	**Quam varie et copiose haec dicuntur!** Wie bunt und wortreich wird dies ausgedrückt!	22
	Opus, f. ouvrage	**Quam copiosae sunt illae familiae!** Wie reich jene Familien sind!	
	Oper, Operation, f. oeuvre, i. opera offiziell, Offizier, e./f. office, i. ufficio	**Auxilio nobis opus est.** Wir brauchen Hilfe.	25
	Oratorium, s. orar	**operae pretium est** es ist der Mühe wert	26
Ci, G, O		**operam dare** sich bemühen, zusehen	
	Orbit, e. orbit, f. orbite	**orbis terrarum** **orbis terrae** der Erdkreis, die Welt	31
Ci, G	Orden, extraordinär, e. order Ornament Ornat	**extra ordinem** außer der Reihe	32
	Orient	**equester ordo** der Ritterstand	
	oral	**ordo agminis** die Marschordnung	
O, Ph			
G, K	„coram publico"	**ordine narrare** der Reihe nach erzählen	
	s. ocio	**Invidia ex divitiis oritur.** Aus Reichtum entsteht Neid.	35
Ca, K, Pl		**Clamor oritur.** Geschrei erhebt sich.	
	i. negozio, s. negocio	**Sol oritur.** Die Sonne geht auf.	
		Orta luce proficiscemur. **Oriente sole proficiscemur.** Bei Tagesanbruch (Sonnenaufgang) werden wir aufbrechen.	

P

1	pactum	pactī	Vereinbarung, Vertrag; Art, Weise
2	**pāx**	**pācis** *f*	Frieden
3	**paene**	*Adv.*	fast
4	**palam**	*Adv.*	bekannt, in aller Öffentlichkeit
5	palūs	palūdis *f*	Sumpf
6	**pār**	**paris**	gleich, ebenbürtig
7	**pariter**	*Adv.*	ebenso, gleichzeitig
8	**comparāre**	**comparō**	vergleichen
9	**parcere**	**parcō, pepercī** *m. Dat.*	schonen, verschonen; sparen
10	**parcus**	**parca, parcum**	sparsam
11	**parere**	**pariō, peperī, partum**	zur Welt bringen; schaffen
12	**parēns**	**parentis** *m / f*	Vater, Mutter
13	**parentēs**	**parentum** *Pl.*	Eltern
14	**pauper**	**pauperis**	arm
15	**reperīre**	**reperiō, repperī, repertum**	(wieder)finden
16	**parāre**	**parō**	(vor)bereiten, vorhaben; erwerben
17	**imperāre**	**imperō** (*m. Dat.*)	befehlen, herrschen (über)
18	**imperātor**	**imperātōris** *m*	Befehlshaber, Feldherr; Kaiser
19	**imperium**	**imperiī**	Befehl, Befehlsgewalt, Herrschaft, Herrschaftsgebiet
20	**pārēre**	**pāreō, pāruī**	gehorchen, sich richten nach
21	**appārēre**	**appāreō**	erscheinen, sich zeigen
22	**appāret**	**appāruit** (*m. AcI*)	es ist offenkundig (dass)
23	paries	parietis *m*	Wand

Ci, K		Pakt	
		Pazifist, e. peace, f. paix, i. pace, s. paz	
		i. pen-isola, s. pen-ínsula (Halbinsel)	
C, O			
		Paar, paritätisch, e./f. pair, i. pari, s. par	
		Komparativ, e. to compare, f. comparer	
		s. parir	
		e./f. parent, i. parente, s. pariente	
		e./f. parents	
		e. poor, f. pauvre, i. povero, s. pobre	
		Repertoire	
		parat, Apparat, präparieren, reparieren	
		Imperativ	
		e. emperor, f. empereur, i. imperatore	
		Imperium, Imperialismus	
		parieren	
G, N, Pl		e. to appear, f. apparaître, s. aparecer	
G, N, Pl			
Ci, O, Pl		s. pared, i. parete	

quo pacto	1
auf welche Weise	
nescio quo pacto	
irgendwie	
pari modo	6
auf gleiche Weise	
virtute par	
an Tapferkeit gleich	
parcere subiectis	9
die Unterworfenen schonen	
famae parcere	
auf den guten Ruf Rücksicht nehmen	
Scelesti insidias parabant.	16
Die Verbrecher planten ein Attentat.	
Imperatorem interficere parabant.	
Sie hatten vor, den Feldherrn zu töten.	
Imperator bellum parabat.	
Der Feldherr rüstete zum Krieg.	
Dominus servis imperat.	17
Der Herr herrscht über die Sklaven.	
Augusto imperatore	18
unter Kaiser Augustus,	
als Augustus Kaiser war	
Apparet hoc magna virtute factum esse.	22
Es ist offenkundig, dass dies mit großer Tapferkeit erledigt wurde.	
Offenkundig wurde dies mit großer Tapferkeit erledigt.	

P

| 24 | pars | partis *f* (*Gen. Pl.* -ium) | Teil, Seite, Richtung |
| 25 | partim | *Adv.* | teils |

| 26 | parvus | parva, parvum | klein, gering |
| 27 | parum | *Adv.* | (zu) wenig |

| 28 | pāscere | pāscō, pāvī, pāstum | füttern, halten; erfreuen |
| 29 | | *m. Abl.* | sich freuen an |

30	pater	patris *m*	Vater
31	patrēs (cōnscrīptī)	*m Pl.*	Senatoren
32	patrius	patria, patrium	väterlich, heimisch
33	patria	patriae	Heimat
34	impetrāre	impetrō	erreichen, durchsetzen

| 35 | patēre | pateō | offen stehen, sich erstrecken |
| 36 | passus | passūs *m* | Schritt |

| 37 | patī | patior, passus sum | leiden, erleiden, ertragen, zulassen |

38	paucī	paucae, pauca	wenige
39	paulātim	*Adv.*	allmählich
40	paulō	*Adv.*	(um) ein wenig
41	paulum	*Adv.*	ein wenig

| 42 | peccāre | peccō | einen Fehler machen, sündigen |

| 43 | pectus | pectoris *n* | Brust, Herz |

| 44 | pecus | pecoris *n* | Vieh |
| 45 | pecūnia | pecūniae | Geld, Vermögen |

| 46 | pelagus | pelagī *n* | Meer, See |

Ci, N	Partei, partiell, e./f. part, i./s. parte e. partly	**ex omnibus partibus** — 24 von allen Seiten **in tres partes dividere** in drei Teile teilen **in omnes partes fugere** in alle Richtungen fliehen
M, O	Pastor	**parum temporis** — 27 zu wenig Zeit
	Pater, Patrizier, e. father, f. père, s. padre	**caritas patriae** — 33 die Liebe zur Heimat
	f. patrie, i./s. patria s. impetrar	**Portae patent.** — 35 Die Tore stehen offen. **Fines late patent.** Das Gebiet erstreckt sich weithin.
	Patent Pass, passieren, f. ne … pas	**duo milia passuum** — 36 zwei Meilen
	Patient, Passiv, Passion f. peu, i./s. poco	**Miles vulnera pati non poterat.** — 37 Der Soldat konnte seine Verwundungen nicht ertragen. **Dux suos occidi passus non est.** Der Anführer ließ nicht zu, dass seine Leute umgebracht wurden.
	f. un peu, i./s. un poco f. pécher, s. pecar Angina pectoris, i. petto, s. pecho i. pecora	**paulo ante** — 40 (ein) wenig vorher **paulo post** (ein) wenig später, kurz darauf **paulo longius a castris** ein wenig (etwas) weiter vom Lager entfernt
Ca, O		**paulo procedere** ein wenig (etwas) vorrücken

47	**pellere**	**pellō, pepulī, pulsum**	schlagen, vertreiben
48	dēpellere	dēpellō, dēpulī, dēpulsum	vertreiben
49	**expellere**	**expellō, expulī, expulsum**	vertreiben, verbannen
50	**impellere**	**impellō, impulī, impulsum**	antreiben, veranlassen
51	**repellere**	**repellō, reppulī, repulsum**	zurückstoßen, abweisen, vertreiben
52	**appellāre**	**appellō**	anrufen
53		m. dopp. Akk.	nennen
54	pendēre	pendeō, pependī	(herab)hängen; unentschlossen sein
55		(ē/ex m. Abl.)	abhängig sein (von)
56	pondus	ponderis n	Gewicht
57	pendere	pendō, pependī, pēnsum	beurteilen, überlegen; bezahlen
58	suspendere	suspendō, suspendī, suspēnsum	aufhängen, emporheben
59	suspēnsus	suspēnsa, suspēnsum	schwebend, ungewiss; ängstlich
60	penitus	Adv.	tief (hinein), im Innersten, völlig
61	penātēs	penātium m Pl.	die Penaten (Hausgötter); Haus, Herd
62	**per**	Präp. m. Akk.	durch, hindurch
63	perītus	perīta, perītum (m. Gen.)	erfahren (in), sachkundig (in)
64	**comperīre**	**comperiō, comperī, compertum**	(genau) erfahren
65	**experīrī**	**experior, expertus sum**	erfahren, versuchen
66	**perīculum**	**perīculī**	Gefahr
67	persōna	persōnae	Maske; Mensch
68	**pēs**	**pedis** m	Fuß
69	**impedīre**	**impediō**	hindern, verhindern
70	**pessimus**	**pessima, pessimum**	der schlimmste, der schlechteste

	Puls
Ci, N	
	e. to expel, f. expulser
	Impuls, impulsiv, s. impulso
	e. to repel, i. repellere
	appellieren, Appell, f. appeler
M, O	Pendel, i. pendere, s. pender
O, Pl	Pfund, e. pound
C, Ci, O	Pensum, f. peser, i. pesare, s. pesar
O, Pl	suspendieren
O, Pl	e. suspens
Ca, Ci, O	penetrant
Ci, O	„Penaten"
	f. par, i. per, s. para
G, Pl	s. perito
	experimentieren, Experiment, Experte
	i. pericolo, s. peligro
M, Ph	Person, Personal, Personalpronomen
	Pedal, Expedition, e. foot, f. pied
	f. empêcher, s. impedir
	Pessimist, i, pessimo, s. pésimo

ira impulsus 50
aus Zorn

ratione impulsus
aus Vernunftgründen

animo pendens 54
(im Herzen) unentschlossen

parvi pendere 57
gering schätzen

militem ex virtute pendere
einen Soldaten nach seiner
Tapferkeit beurteilen

pecuniam pendere
(Geld) bezahlen

rem totam in suspenso relinquere 59
die ganze Sache unentschieden lassen

per fines ire 62
durch ein Gebiet ziehen

per nuntios comperire
durch Boten erfahren

per vim   **per se**
gewaltsam   von sich aus

per aetatem
ein Leben lang

Draco iuris divini et humani 63
peritus fuit.
Drakon war sachkundig im göttlichen
und menschlichen Recht.

periculum est, ne *m. Konj.* 66
es besteht die Gefahr, dass

impedire, ne *m. Konj.* 69
verhindern, dass

P

71	petere	petō, petīvī, petītum	(auf)suchen, (er)streben, bitten, verlangen
72	appetere	appetō, appetīvī, appetītum	haben wollen, erstreben; angreifen
73	repetere	repetō, repetīvī, repetītum	(zurück)verlangen, wiederholen
74	impetus	impetūs *m*	Angriff, Schwung
75	perpetuus	perpetua, perpetuum	dauerhaft, ewig
76	penna	pennae	Feder, Flügel

| 77 | piscis | piscis *m* (*Gen. Pl.* -ium) | Fisch |

| 78 | pius | pia, pium | fromm, gerecht, pflichtbewusst |
| 79 | impius | impia, impium | gottlos, gewissenlos |

80	placēre	placeō	gefallen
81	placet	*m. Dat.*	es gefällt jdm., jd. beschließt
82	placidus	placida, placidum	friedlich, ruhig, sanft

| 83 | plānē | *Adv.* | deutlich, ganz und gar |

84	plēnus	plēna, plēnum (*m. Gen.*)	voll (von/mit)
85	complēre	compleō, complēvī, complētum	anfüllen
86	plērīque	plēraeque, plēraque	die meisten, sehr viele
87	plērumque	*Adv.*	meistens
88	plūs	plūris	mehr
89	plūrēs	plūrium *Pl.*	mehr(ere)
90	complūrēs	complūrium *Pl.*	mehrere
91	plūrimī	plūrimae, plūrima	sehr viele
92	plūrimum	*Adv.*	am meisten, sehr viel
93	plēbs	plēbis *f*	(nicht adeliges, einfaches) Volk

94	poena	poenae	Strafe
95	pūnīre	pūniō	bestrafen
96	impūne	*Adv.*	ungestraft, ohne Schaden

| 97 | poēta | poētae *m* | Dichter |

	Petition, s. pedir	**pacem petere**	71
	Appetit	um Frieden bitten	
	Repetition, repetieren, e. to repeat	**consulatum petere**	
	Impetus, e. impetus, s. ímpetu	sich um das Konsulat bewerben	
	Perpetuum mobile, s. perpetuo	**templum petere**	
O, Ph	e. pen, pencil, i. penna	zum Tempel gehen	
		gloriam petere	
M, O	f. poisson, i. pesce, s. pez	nach Ruhm streben	
	Pietät, Pius, Pia, s. pío	**gloriam appetere**	72
		Ruhm erstreben	
		hostes appetere	
	e. pleasure, f. plaisir, i. piacere, s. placer	die Feinde angreifen	
	Plazet		
	e. placet, s. plácido	**in perpetuum**	75
		für immer	
Ci, G	Plan, e. plain, s. llano	**perpetuo**	
		ununterbrochen	
	Plenum, Plenarsaal, f. plein, i. pieno		
	komplett, Komplement, e. complete	**Senatui placet.**	81
		Der Senat beschließt (ordnet an).	
		Satis, plane satis haec omnia sunt.	83
	plus, Plural, f. plus, i. più	Genug, ganz und gar genug ist das alles.	
		Plane locutus sum.	
		Ich habe deutlich gesprochen.	
		Humanitatis est	
		non plane spoliare urbem.	
	Plebejer, e. plebs, f. plèbe, s. plebe	Es ist ein Gebot der Menschlichkeit,	
		die Stadt nicht ganz und gar zu plündern.	
	Pein, e. penalty	**plenus gaudii**	84
G, Pl	e. to punish, f. punir, i. punire	voll Freude	
Ci, Ph			
		poenas solvere	94
Ca, M, O	Poet, Poesie, e. poet, f. poète, i./s. poeta	bestraft werden,	
		büßen	

P

98	polus	polī	(Himmels-)Pol; Himmel
99	**pōns**	**pontis** *m* (*Gen. Pl.* **-ium**)	Brücke
100	pontus	pontī	Meer
101	**populus**	**populī**	Volk
102	**pūblicus**	**pūblica, pūblicum**	öffentlich, staatlich
103	**porta**	**portae**	Tor
104	**portus**	**portūs** *m*	Hafen
105	**portāre**	**portō**	bringen, tragen
106	dēportāre	dēportō	(weg)bringen, herbeibringen
107	**opportūnus**	**opportūna, opportūnum**	geeignet, günstig
108	**post**	*Adv.*	dann, später
109		*Präp. m. Akk.*	hinter, nach
110	**posteā**	*Adv.*	nachher, später
111	posteāquam	*Subj. m. Ind.*	nachdem
112	**posterus**	**postera, posterum**	folgend
113	**posterī**	**posterōrum** *m Pl.*	Nachkommen
114	**postrēmus**	**postrēma, postrēmum**	der letzte
115	**postrēmō**	*Adv.*	kurz (gesagt); schließlich
116	**postquam**	*Subj. m. Ind. Perf.*	nachdem, als
117	**potior**	**potiōris**	besser, wichtiger
118	**potius**	*Adv.*	eher, lieber
119	**posse**	**possum, potuī**	können
120	**potēns**	**potentis**	mächtig, stark
121	**potentia**	**potentiae**	Macht
122	**potestās**	**potestātis** *f*	(Amts-)Gewalt, Macht; Möglichkeit
123	**pote est**		es ist möglich

O, Pl		**senatus populus**que Romanus	101
		Senat und Volk von Rom	
	f. pont, i. ponte, s. puente	**res opportuna**	107
Ci, O	Hellespont	die günstige Lage, die günstige Gelegenheit	
	Pöbel, Population, e./f. population	**tempore opportuno**	
	publik, Publikum, publizieren, e. public	im günstigen Augenblick, im geeigneten Augenblick	
	Pforte, Portal, f. porte, i. porta, s. puerta	**opportuno** loco	
	e./f. port, i. porto, s. puerto	an geeigneter Stelle	
	Porto, exportieren, importieren	**post villam**	109
Ci, N	deportieren, Deportation	hinter dem Landhaus	
	Opportunist, e. opportune, i. opportuno	**post cenam**	
		nach dem Essen	
	Postmoderne	**postero die**	112
		am nächsten Tag	
	f. puis, i. poi, s. después	**in posterum**	
C, Ci, N		für die Zukunft, künftig	
	e. posterity		
		Amici postquam cenaverunt, fabulas audiverunt.	116
		Nachdem die Freunde gegessen hatten, hörten sie Geschichten.	
		Colant potius te quam timeant!	118
		Sie sollen dich lieber verehren als fürchten! (Seneca)	
	f. pouvoir, i. potere, s. poder	**potestas consulis**	122
	potent, e. potent, i./s. potente	die Amtsgewalt des Konsuls	
	Potenz, i. potenza, s. potencia	**potestas amici liberandi**	
	i. potestà, podestà, s. potestad	die Möglichkeit, den Freund zu befreien	

124	**praeter**	*Präp. m. Akk.*	außer
125	**praetereā**	*Adv.*	außerdem
126	prehendere	prehendō, prehendī, prehēnsum	ergreifen, nehmen
127	**comprehendere**	**comprehendō, comprehendī, comprehēnsum**	begreifen, ergreifen, festnehmen
128	reprehendere	reprehendō, reprehendī, reprehēnsum	wieder aufgreifen, kritisieren
129	**praeda**	**praedae**	Beute
130	**premere**	**premō, pressī, pressum**	drücken, unterdrücken, bedrängen
131	comprimere	comprimō, compressī, compressum	unterdrücken; verführen
132	**opprimere**	**opprimō, oppressī, oppressum**	bedrohen, niederwerfen, unterdrücken
133	reprimere	reprimō, repressī, repressum	zurückhalten, zurückdrängen, Einhalt gebieten
134	**pretium**	**pretiī**	Preis, Wert, Geld
135	**prex**	**precis** *f*	Bitte
136	**precārī**	**precor**	bitten
137	**pōscere**	**pōscō, popōscī**	fordern, verlangen
138	**pōstulāre**	**pōstulō**	fordern
139	**prior**	**priōris**	der erste, der frühere
140	**prius**	*Adv.*	früher, zuerst
141	**priusquam**	*Subj. m. Ind.*	bevor, eher als
142	**prīmus**	**prīma, prīmum**	der (die, das) erste
143	**prīmō**	*Adv.*	zuerst
144	**prīmum**	*Adv.*	erstens, zuerst, zum ersten Mal
145	**imprīmīs**	*Adv.*	besonders, vor allem
146	**prīnceps**	**prīncipis**	der Erste, der führende Mann
147	**prīstinus**	**prīstina, prīstinum**	früher

G, O	f. prendre, i. prendere, s. prender	
	f. comprendre, s. comprender	
	f. reprendre, s. reprender	
	e. prey	
Ci, K	Presse, Depression, Expressionismus komprimieren, Kompresse, Kompressor	
Ci, K	e. to oppress Repression, repressiv	
	e. price, i. prezzo, s. precio	
	e. prayer, f. prière, i. preghiera e. to pray, f. prier, i. pregare	
	postulieren, Postulat	
	Prior, Priorität	
	Primus, prima, Primaten, primitiv i. (dap)primo, s. primero	
	Prinz, e./f. prince, i. principe, s. príncipe	

vir aere alieno oppressus 132
ein Mann, der von Schulden bedrängt ist

civitas servitute oppressa
eine Bürgerschaft, die durch Sklaverei unterdrückt ist

homines timore oppressi
Menschen, die von Angst bedrückt sind

hostes opprimere
die Feinde niederwerfen,
die Feinde überwältigen

operae pretium est 134
es ist der Mühe wert

neque pretio neque gratia
weder durch Geld noch durch persönlichen Einfluss

Aderam, priusquam venisti. 141
Ich war da, bevor du gekommen bist.

prima nocte 142
bei Einbruch der Dunkelheit

prima luce
bei Sonnenaufgang

prima vigilia
zur Zeit der ersten Nachtwache

primum agmen
die Vorhut

ut primum 144
ubi primum
cum primum
sobald (als)

quam primum
möglichst bald

148	prīvātus	prīvāta, prīvātum	persönlich, privat
149		Subst.	Privatperson
150	prō	Präp. m. Abl.	vor; anstelle von, für; entsprechend
151	probus	proba, probum	anständig, gut
152	improbus	improba, improbum	schlecht, unanständig
153	probāre	probō	beweisen, prüfen, für gut befinden
154	procul	Adv.	von fern, weit weg
155	proelium	proeliī	Kampf, Schlacht
156	prope	Adv.	nahe; beinahe
157	propius	Adv.	näher
158	proximus	proxima, proximum	der nächste
159	propinquus	propinqua, propinquum	nahe
160		Subst.	Verwandter
161	propter	Präp. m. Akk.	wegen
162	proptereā	Adv.	deswegen
163	properāre	properō	eilen, sich beeilen
164	prōvincia	prōvinciae	Provinz
165	pudet	puduit	es beschämt
166	pudor	pudōris m	Scham(gefühl); Anstand
167	puer	puerī m	Junge, Bub
168	puella	puellae	Mädchen, Freundin
169	pūgnāre	pūgnō	kämpfen
170	pūgna	pūgnae	Kampf
171	oppūgnāre	oppūgnō	angreifen

e. private, f. privé, i. privato, s. privado	**pro portis castrorum** 150 vor den Toren des Lagers **pro patria pugnare** für die Heimat kämpfen **pro amico respondere** anstelle des Freundes antworten **pro mea conuetudine** meiner Gewohnheit entsprechend
pro-, Pronomen, f. pour, s. por	
probieren, f. prouver, i. provare	
	Amicos res adversae certissime probant. 153 Unglück stellt Freunde auf die sicherste Probe.
f. proche	
e. proximate, i. prossimo, s. próximo	**procul a patria** 154 fern von der Heimat **procul urbem conspicere** von fern die Stadt erblicken
C, G	**proelium restituere** 155 eine Schlacht wiederaufnehmen
Provence, provinziell, i./s. provincia	**propterea quod** 162 deswegen weil
f. pudeur, s. pudor	**Fratris me pudet.** 165 Ich schäme mich für meinen Bruder. **Te pudeat!** Du soll(te)st dich schämen!
	Quod non vetat lex, 166 **hoc vetat pudor.** Was das Gesetz nicht verbietet, verbietet der Anstand. (Seneca)

172	**pulcher**	**pulchra, pulchrum**	schön
173	pullus	pullī	Huhn, Küken; Junges
174	pūmex	pūmicis *m/f*	Bimsstein; durchlöchertes Gestein (Vulkangestein)
175	purpureus	purpurea, purpureum	purpurn, purpurfarben
176	**putāre**	**putō**	glauben, meinen
177		*m. dopp. Akk.*	halten für

G, Ph	i./s. pollo	
Ca, Pl		
Ci, O	e. purple	
	Computer, Disput	

Puto te errare. 176
Ich glaube, du irrst (dich).

**Non est beatus,
esse qui se non putat.**
Wer nicht glaubt, dass er glücklich ist,
der ist nicht glücklich. (Seneca)

Te diligentem puto. 177
Ich halte dich für gewissenhaft.

**Homo sum, humani nihil a me
alienum puto.**
Ich bin ein Mensch, (und) ich glaube,
nichts Menschliches ist mir fremd. (Terenz)

1	**quaerere**	**quaerō, quaesīvī, quaesītum**	suchen, erwerben wollen
2		(**ex**/**dē** *m. Abl.*)	(jdn.) fragen
3	**quaesere**	**quaesō**	bitten
4	quaestor	quaestōris *m*	Quästor (*röm. Finanzbeamter*)
5	**requīrere**	**requīrō, requīsīvī, requīsītum**	aufsuchen, sich erkundigen, verlangen
6	**quattuor**	*indekl.*	vier
7	**quārtus**	**quārta, quārtum**	der (die, das) vierte
8	**-que**	*Kj.*	und
9	**querī**	**queror, questus sum**	klagen
10		(*m. Akk.*)	sich beklagen (über)
11	**quī**	**quae, quod**	welcher, welche, welches; der, die, das
12		*relativer Satzanschluss*	dieser, diese, dieses
13	**quis?**		wer?
14	**quid?**		was?
15	**quīdam**	**quaedam, quiddam** *subst.*	ein gewisser, irgendeiner; *Pl.* einige
16		**quaedam, quoddam** *adj.*	ein gewisser, irgendeiner; *Pl.* einige
17	**quisnam**	**quidnam**	wer denn, was denn
18	quispiam	quidpiam	(irgend)einer
19	**quisquam**	**quidquam (quicquam)**	irgendjemand
20	**quisque**	**quidque** *subst.*	jeder
21		**quaeque, quodque** *adj.*	jeder
22	**quisquis**	**quidquid (quicquid)** *subst.*	jeder, der
23		**quaequae, quodquod** *adj.*	jeder, der
24	**quīcumque**	**quaecumque, quodcumque**	jeder, der; wer auch immer
25	quīvīs	quaevīs, quodvīs	jeder (beliebige)
26	**aliquis**	**aliquid** *subst.*	(irgend)jemand
27	aliquī	aliquae, aliquod *adj.*	(irgend)ein
28	**quālis**	**quāle**	wie (beschaffen)

e. to query, i. chiedere		**laudem quaerere** 1 Ruhm erwerben wollen
C, Ci		**ex amico quaerere** 2 den Freund fragen
requirieren, Requisite, e. to require		**Puella te non requiret.** 5 Das Mädchen wird dich nicht aufsuchen.
f. quatre, i. quattro, s. cuatro Quartett		**Nihil a te requiro.** Ich verlange nichts von dir.
		Quare id faciam, requiris. Du fragst, warum ich dies mache.
Querulant		**iniurias queri** 10 sich über Ungerechtigkeiten beklagen
f. qui, que, i. chi, che, s. que		**Qui imperator Galliam subiecit?** 11 Welcher Feldherr hat Gallien unterworfen?
f. qui, i. chi f. que, i. che, s. qué		**Imperator, qui Galliam subiecit, notissimus erat.** Der Feldherr, der Gallien unterworfen hat, war sehr bekannt.
Ci, G		**Caesarem imperatorem notissimum fuisse scimus.** 12 **Qui Galliam subiecit.** Cäsar war, wie wir wissen, ein sehr bekannter Feldherr. Dieser (Er) hat Gallien unterworfen.
Quisquilien		**Adestne quisquam?** 19 Ist irgendjemand da?
f. quiconque, i. chiunque		**Vix quisquam hoc credat.** Dies dürfte kaum jemand glauben.
Ci, K		
Qualität, Qualifikation, i. quale, s. cual		**optimus quisque** 20 gerade die Besten, jeder Beste

Q

29	quantus	quanta, quantum	wie groß, wie viel
30	**quantō ... tantō**		je ... desto
31	quot	interrogativ	wie viele
32		relativ	so viele wie
33	quotiēns	Adv.	wie oft, so oft
34	**quondam**	Adv.	einmal, einst; manchmal
35	quoniam	Subj. m. Ind.	da ja, da nun
36	quam	Adv.	als, wie
37		mit Superlativ	möglichst
38	quamdiu	Adv.	wie lange
39		Subj.	solange
40	**quamobrem**	Adv.	warum
41	quamquam	Subj. m. Ind.	obwohl
42		im Hauptsatz	freilich
43	**quandō**	Adv.	wann
44	aliquandō	Adv.	irgendwann, manchmal; endlich
45	**umquam**	Adv.	jemals
46	numquam	Adv.	niemals
47	nusquam	Adv.	nirgends, nie
48	quidem	Adv.	freilich, gewiss, wenigstens, zwar
49	**nē ... quidem**		nicht einmal
50	equidem	Adv.	(ich) allerdings, freilich
51	quippe	Adv.	freilich
52	quod	Subj. m. Ind.	dass; weil
53	quia	Subj. m. Ind.	weil
54	quī	Adv.	wie
55	quīn	im Hauptsatz	vielmehr, warum nicht
56		Subj. m. Konj.	dass nicht
57			dass (*in festen Wendungen*)
58	nēquīquam	Adv.	erfolglos, vergeblich
59	**quō**	Adv.	wo, wohin
60		mit Komparativ (~ ut eō)	damit umso
61	**quō ... eō**		je ... desto
62	quoque	nachgestellt	auch

Quantität, Quantum, i. quanto

Ca, K, O

Quotient

Ci, N

f. quand, i. quando, s. cuándo

Ci, K

s. nunca

G, K

f./s. que, i. che

Ca, O

Maior sum quam tu. 36
Ich bin größer als du.

Caesar cum exercitu quam maximo proficisci studebat. 37
Cäsar bemühte sich darum, mit einem möglichst großen Heer aufzubrechen.

Quamdiu furor tuus nobis instabit? 38
Wie lange wird uns dein Wahnsinn noch zusetzen?

Quamdiu aliis insidias parabas, tuti eramus. 39
Solange du Überfälle auf andere machtest, waren wir sicher.

Qui fit, ut multi Caesarem laudent? 54
Wie kommt es, dass viele Leute Cäsar loben?

Quin me iuvas? 55
Warum hilfst du mir nicht?

Non dubitare debes, quin te iuvem. 57
Du brauchst nicht daran zu zweifeln, dass ich dir helfe.

Legem brevem esse oportet, quo facilius ab omnibus memoria teneatur. 60
Ein Gesetz muss kurz sein, damit es umso leichter von allen behalten wird. (Seneca)

Quo quid rarius est, eo pluris aestimatur. 61
Je seltener etwas ist, desto mehr wird es geschätzt.

119

Q

63	quā	Adv.	wie, wo, wohin
64	quāpropter		weshalb
65		*relativer Satzanschluss*	deshalb
66	quārē		weshalb, wodurch
67		*relativer Satzanschluss*	deshalb
68	**quiēscere**	**quiēscō, quiēvī, quiētum**	(aus)ruhen, schlafen
69	**quīnque**	*indekl.*	fünf
70	quīntus	quīnta, quīntum	der (die, das) fünfte

Ci, K

	f. cinq, i. cinque, s. cinco
Ci, G	Quinte, f. cinquième, i./s. quinto

Eadem aut turpia sunt aut honesta: 66
refert, quare aut quemadmodum fiant.
Dieselben Dinge können schändlich oder ehrenhaft sein: Es kommt darauf an, warum oder wie sie geschehen. (Seneca)

Quiesce hac nocte! 68
Schlafe in dieser Nacht!

Voces hominum quiescebant.
Die Stimmen der Menschen verstummten.

quinto quoque anno 70
alle vier Jahre

1	rapere	rapiō, rapuī, raptum	rauben, wegführen, wegreißen
2	corripere	corripiō, corripuī, correptum	ergreifen, gewaltsam an sich reißen
3	ēripere	ēripiō, ēripuī, ēreptum	entreißen
4	rārus	rāra, rārum	selten, vereinzelt
5	rārō	Adv.	selten
6	recēns	recentis	frisch, neu
7	regere	regō, rēxī, rēctum	beherrschen, leiten, lenken
8	rēctus	rēcta, rēctum	gerade, richtig, recht
9	rēctē	Adv.	geradeaus, richtig, zu Recht
10	rēx	rēgis m	König
11	rēgius	rēgia, rēgium	königlich
12	rēgnum	rēgnī	(Königs-)Herrschaft, Reich
13	regiō	regiōnis f	Gebiet, Gegend, Richtung
14	pergere	pergō, perrēxī	aufbrechen; weitermachen
15	surgere	surgō, surrēxī, surrēctum	aufrichten; sich erheben, aufstehen
16	rogāre	rogō	bitten, erbitten, fragen
17	interrogāre	interrogō	fragen
18	ergō	Adv.	also, deshalb
19	repente	Adv.	plötzlich, unerwartet
20	repentīnus	repentīna, repentīnum	plötzlich, unerwartet
21	rērī	reor, ratus sum	meinen
22	ratiō	ratiōnis f	Grund, Vernunft, Überlegung; Art und Weise; Berechnung
23	rēs	reī f	Sache, Ding, Angelegenheit
24	rēs gestae	rērum gestārum f Pl.	Taten
25	rēs pūblica	reī pūblicae	Staat
26	reus	reī	Angeklagter

rapide, e. to rape, f. ravir, s. raptar	**in patriam pergere** 14 in die Heimat aufbrechen
	iter pergere den Marsch fortsetzen
rar, Rarität, e./f. rare, i./s. raro	**Pergite, ut coepistis!** Macht weiter, wie ihr begonnen habt!
e. recent, f. récent, i. recente, s. recién	**Cogito, ergo sum.** 18 Ich denke, also bin ich.
regieren, Regent, Regime, Rektor e. right	**(cum) ratione agere** 22 vernünftig handeln
	sine ratione agere unvernünftig handeln
f. roi, i. re, s. rey e./f. royal, s. real	**qua ratione** auf welche Weise, wie
e. reign, f. règne, i. regno, s. reino Region, regional, e. region, f. région	**alia ratione** auf andere Weise
e. to surge, f. surgir, i. sorgere, s. surgir	**eadem ratione** auf dieselbe Weise
s. rogar Interrogativpronomen, f. interroger	**ratio frumenti** die Berechnung des Getreides
	negotiorum rationem reddere über seine Geschäfte Rechenschaft ablegen
i. di repente, s. de repente	**libertatis rationem habere** auf die Freiheit achten
C, N	
Rate, ratifizieren, e. (to) rate Ration, rational, rationell, e. reason	**ad rem publicam accedere** 25 sich dem Staatsdienst widmen
Realität, Realismus, real	**absentem reum facere** 26 jdn. in Abwesenheit anklagen
Republik, e. republic, f. république	**reus sceleris** eines Verbrechens angeklagt
G, N	

27	respondēre	respondeō, respondī, respōnsum	antworten, entsprechen
28	rīdēre	rīdeō, rīsī, rīsum	lachen, auslachen
29	dērīdēre	dērīdeō, dērīsī, dērīsum	auslachen, verspotten
30	rīpa	rīpae	Ufer
31	ruere	ruō, ruī, ruitūrum	eilen, stürmen, stürzen
32	rumpere	rumpō, rūpī, ruptum	zerbrechen
33	corrumpere	corrumpō, corrūpī, corruptum	bestechen, verderben
34	rūs	rūris n	Feld, Land (*im Gegensatz zur Stadt*), Landgut
35	rūsticus	rūstica, rūsticum	ländlich, plump
36		*Subst.*	Bauer

	Korrespondenz, f. répondre, s. responder
K, Ph	f. rire, i. ridere, s. reír
	Riviera, Revier, f. rive
	abrupt, Eruption, f. rompre, s. romper korrupt, Korruption, e. to corrupt
Ca, O, Ph	rustikal

Si quem interroges, respondeat!   27
Wenn man jemanden fragt,
soll er antworten!

Tua virtus opinioni hominum respondet.
Deine Tüchtigkeit entspricht der
Meinung (Erwartung) der Menschen.

Ridere licet.   28
Lachen (ist) erlaubt.

Amicum ridere non oportet.
Es gehört sich nicht, den Freund
auszulachen.

rus ire   34
aufs Land gehen

ruri vivere
auf dem Land leben

1	**sacer**	**sacra, sacrum** (m. Gen.)	(jdm.) geweiht, heilig
2	**sacrum**	**sacrī**	Opfer, Heiligtum
3	sacrificium	sacrificiī	Opfer
4	**sacerdōs**	**sacerdōtis** m/f	Priester(in)
5	**obsecrāre**	**obsecrō**	anflehen, bitten
6	**sanctus**	**sancta, sanctum**	heilig, ehrwürdig
7	**saeculum**	**saeculī**	Jahrhundert, Menschenalter, Zeit(alter)
8	saepe	Adv.	oft
9	**saevus**	**saeva, saevum**	wild, wütend, schrecklich
10	saltus	saltūs m	(Wald-)Tal, Gebirge, Pass
11	**salvus**	**salva, salvum**	gesund, unversehrt
12	salūs	salūtis f	Gesundheit, Glück, Rettung; Gruß
13	salūtāre	salūtō	grüßen, begrüßen
14	sanguis	sanguinis m	Blut
15	sānus	sāna, sānum	gesund; vernünftig
16	**sānē**	Adv.	allerdings, gewiss; meinetwegen
17	**sapere**	**sapiō, sapiī**	Verstand haben, Geschmack haben
18	sapiēns	sapientis	weise, einsichtig
19	sapientia	sapientiae	Weisheit, Einsicht
20	satis	Adv.	genug
21	satiāre	satiō	sättigen
22	**saxum**	**saxī**	Fels, Stein
23	sīgnum	sīgnī	Zeichen, Merkmal; Statue

	sakral, e. sacred, f. sacré, s. sagrado	
	Sakrament	
C, G	e./f. sacrifice, i./s. sacrificio	
	i./s. sacerdote	
	e. to obsecrate, f. obsécrer	
	Sanctus, Sankt (St.), e./f. saint, i./s. santo	
	Säkularisation, f. siècle, i. secolo, s. siglo	
C, N		
	e. safe, f. sauf, i./s. salvo	
	Salut, e./i. salute, f. salut, s. salud	
Ci, K	salutieren, i. salutare, s. saludar	
	i. sangue, s. sangre	
Ca, K	sanitär, f. sain, i./s. sano	
	f. savoir, i. sapere, s. saber	
G, Pl	Homo sapiens, s. sabio	
Ci, K	f. sagesse, s. sabiduría	
	satt, f. assez, i. assai	
O, Ph		
	i. sasso	
	Signal, Signatur	

sacrum facere 2
opfern

sacra e templo eripere
heilige Gegenstände aus dem Tempel rauben

spes salutis 12
Hoffnung auf Rettung

salutem dicere
grüßen

Mens sana in corpore sano. 15
In einem gesunden Körper (steckt)
ein vernünftiger Geist. (Juvenal)

Sint haec sane falsa; mala non sunt. 16
Mag das meinetwegen falsch sein;
schlimm ist es nicht.

plus sapere 17
mehr Verstand haben

Sapere aude!
Wage es, die Vernunft zu gebrauchen! (Horaz)

satis praesidii 20
genügend Schutz

Satius est.
Es ist besser.

(cibo) satiari 21
sich satt essen

signo dato 23
auf ein gegebenes Signal hin

signa relinquere
die Feldzeichen verlassen, desertieren

signum Iovis
Jupiterstatue

24	scelus	sceleris *n*	Verbrechen; Schurke
25	scelerātus	scelerāta, scelerātum	verbrecherisch, schändlich
26		*Subst.*	Verbrecher
27	scīre	sciō, scīvī	kennen, verstehen, wissen
28	nescīre	nesciō, nescīvī	nicht wissen
29	cōnscius	cōnscia, cōnscium (*m. Gen.*)	bewusst, eingeweiht (in)
30		*Subst.*	Teilnehmer, Zeuge
31	scrībere	scrībō, scrīpsī, scrīptum	schreiben, beschreiben
32	cōnscrībere	cōnscrībō, cōnscrīpsī, cōnscrīptum	aufschreiben, verfassen
33	sēcum	(~ cum sē)	mit sich, bei sich
34	sed	*Kj.*	aber, sondern
35	sedēre	sedeō, sēdī, sessum	sitzen
36	sēdēs	sēdis *f*	Platz, Sitz, Wohnsitz
37	possidēre	possideō, possēdī, possessum	besitzen
38	īnsidiae	īnsidiārum *f Pl.*	Falle, Hinterlist, Hinterhalt, Attentat
39	obses	obsidis *m/f*	Geisel
40	praesidium	praesidiī	(Wach-)Posten, Schutztruppe
41	cōnsīdere	cōnsīdō, cōnsēdī, cōnsessum	sich setzen, sich niederlassen
42	seges	segetis *f*	Saat, Saatfeld
43	semel	*Adv.*	einmal, das erste Mal
44	semper	*Adv.*	immer
45	simplex	simplicis	einfach; offen, ehrlich
46	singulus	singula, singulum	je ein, jeder einzelne
47	singulāris	singulāre	einzeln, einzigartig, außerordentlich
48	similis	simile (*m. Gen./Dat.*)	ähnlich
49	simul	*Adv.*	gleichzeitig, zugleich
50		*Subj.*	sobald

	e./f. science	
	e. conscious, f. conscient, i. cosciente, s. consciente	
	Schrift, Skript, f. écrire, s. escribir	
	e. to sit, i. sedere	
	e. seat, f. siège, i. sede	
	Possessivpronomen, e. to possess	
	Präsidium, Präsident	
G, O		
O, Pl		
	i. sempre, s. siempre	
M, Pl	simpel, e./f./s. simple, i. semplice	
	Single	
C, Ci	Singular, singulär, e./s. singular	
	Assimilation, Faksimile	
	simultan	

nescio quis irgendjemand	28
nescio quid irgendetwas	
Iniuriae sibi conscius est. Er ist sich des Unrechts bewusst.	29
Conscius omnis abest. Jeder Zeuge fehlt. Es ist kein Zeuge da. (Ovid)	30
Beati possidentes! Glücklich die Besitzenden!	37
insidias parare ein Attentat vorbereiten	38
semel atque iterum immer wieder	43
simpliciter confiteri offen (ein)gestehen	45
Pater singulis liberis singulos libros dedit. Der Vater hat jedem Kind ein Buch gegeben.	46
Marcus matris (matri) similis est, Cornelia autem patris (patri). Markus ist seiner Mutter ähnlich, Cornelia dagegen dem Vater.	48
Simul nos vino dabimus. Gleichzeitig werden wir Wein genießen.	49
Simul veneris, cenabimus. Sobald du kommst, werden wir essen.	50

51	simulācrum	simulācrī	Bild, Bildnis, Nachbildung; Schatten (e-s Toten)
52	dissimulāre	dissimulō	verheimlichen, verbergen, verleugnen
53	senex	senis *m*	Greis, alter Mann
54	senātus	senātūs *m*	Senat, Senatsversammlung
55	senātor	senātōris *m*	Senator
56	sentīre	sentiō, sēnsī, sēnsum	fühlen, meinen, wahrnehmen
57	sententia	sententiae	Antrag (im Senat), Meinung, Satz, Sinn
58	sēnsus	sēnsūs *m*	Gefühl, Sinn, Verstand
59	septem	*indekl.*	sieben
60	septimus	septima, septimum	der (die, das) siebte
61	sepulcrum	sepulcrī	Grab, Grabmal
62	sequī	sequor, secūtus sum *m. Akk.*	folgen
63	secundus	secunda, secundum	der (die, das) zweite, günstig
64	cōnsequī	cōnsequor, cōnsecūtus sum	erreichen, nachfolgen
65	īnsequī	īnsequor, īnsecūtus sum	unmittelbar folgen, verfolgen
66	obsequī	obsequor, obsecūtus sum	gehorchen
67	persequī	persequor, persecūtus sum	verfolgen
68	socius	sociī	Gefährte, Verbündeter
69	societās	societātis *f*	Bündnis, Gemeinschaft
70	serpēns	serpentis *m/f*	Schlange
71	sermō	sermōnis *m*	Äußerung, Gerede, Gespräch, Sprache
72	dēserere	dēserō, dēseruī, dēsertum	im Stich lassen, verlassen
73	sors	sortis *f*	Los, Orakelspruch, Schicksal
74	praesertim (cum)	*Adv. (Subj.)*	besonders (da /weil)

	f. simulacre	
C, Ci	e. to dissimulate, f. dissimuler	
	Senior, senil	
	e. senate, f. sénat, i. senato, s. senado	
Ci, G		
	sensibel, sentimental, f./s. sentir	
	Sentenz, e./f. sentence, i. sentenza	
	Nonsens, e. sense, f. sens, i./s. senso	
	September, s. siete	
	Septime	
Ca, N		
	Sequenz, Suite, f. suivir, s. seguir	
	Sekunde, e. second, i. secondo	
	konsequent, Konsekutivsatz	
	e. to ensue, i. inseguire	
G, K		
	e. to persecute, s. perseguir	
	Sozius, sozial, Sozialismus	
Ci, N	Sozietät, e. society, f. société, s. sociedad	
G, N	Serpentine	
	Sermon	
	desertieren, e. desert, f. désert	
	Sorte, i. sorte, s. suerte	

Hoc fieri sentio. 56
Ich spüre, dass dies geschieht.

Idem de re publica sentio.
Ich habe die gleiche politische Einstellung.

Dolores te torquere sentio.
Ich (be)merke, dass dich die Schmerzen quälen.

in sententia manere 57
bei seiner Meinung bleiben

meā sententiā
meiner Ansicht nach

sententia deorum
Wille (Beschluss) der Götter

sententiam ferre
einen Antrag (im Senat) stellen

Dies noctem sequitur. 62
Der Tag folgt auf die Nacht.

sequenti anno
im folgenden Jahr

sequitur, ut *m. Konj.*
daraus folgt, dass

res secundae 63
Glück

societatem cum rege facere 69
ad Graeciam opprimendam
mit dem König ein Bündnis schließen,
um Griechenland zu unterwerfen

sermonem habere 71
ein Gespräch führen

sermo patrius
Muttersprache

sermo elegans
eine gewählte Ausdrucksweise

131

75	sērus	sēra, sērum	spät, zu spät
76	servāre	servō (ā *m. Abl.*)	bewahren, retten (vor), beobachten
77	cōnservāre	cōnservō (ā *m. Abl.*)	retten (vor), bewahren
78	servus	servī	Sklave, Diener
79	servīre	serviō	dienen, Sklave sein
80	servitūs	servitūtis *f*	Sklaverei
81	sex	*indekl.*	sechs
82	sī	*Subj.*	wenn, falls; ob
83	sīn	*Subj.*	wenn aber
84	seu	*Kj.*	oder, oder wenn
85	sīve	*Kj.*	oder, oder wenn
86	etsī	*Subj.*	auch wenn, obwohl
87	etiamsī	*Subj.*	auch wenn
88	tametsī	*Subj.*	obwohl
89	quasi	*Adv.*	gleichsam
90		*Subj.*	wie wenn, als ob
91	sīc	*Adv.*	so
92	sīcut	*Adv.*	(so) wie
93	nisi	*Subj.*	wenn nicht
94			nur (*nach Verneinung*)
95	nī	*Subj.*	wenn nicht
96	siccus	sicca, siccum	trocken
97	sīdus	sīderis *n*	Stern, Sternbild
98	dēsīderāre	dēsīderō *m. Akk.*	sich sehnen nach, vermissen
99	dēsīderium	dēsīderiī (*m. Gen.*)	Sehnsucht, Verlangen (nach); Geliebte
100	silentium	silentiī	Schweigen, Stille

		f. soir, i. sera	
		konservieren, konservativ	
		„Servus"	
		servieren, Server	
		Sextett	
C, Ci			
Ci, G			
		quasi	
		i. così	
Ca, O		Sekt, f. sec, i. secco	
		e. to desire, f. désirer, i. desiderare	
Ca, Pl		Desiderat, Désirée, e. desire, s. deseo	
Ci, O		Silentiumraum, e./f. silence, i. silenzio	

Socios a periculis servamus. 76
Wir retten die Gefährten aus Gefahren.

Solem occidentem servamus.
Wir betrachten die untergehende Sonne.

fidem servare
sein Wort halten

modum servare
Maß halten

rem publicam servare
den Staat erhalten (retten)

Gaudeo, si venis. 82
Ich freue mich, wenn du kommst.

Exspecto, si venias.
Ich warte, ob du kommst.

Servis domus quasi civitas est. 89
Für die Sklaven ist die Hausgemeinschaft
(gleichsam) wie ein Staat. (Plinius)

non ... nisi 94
nemo ... nisi
nihil ... nisi
nullus ... nisi
nur

Patriam desidero. 98
Ich sehne mich nach der Heimat.
Ich vermisse die Heimat.

desiderium amicae 99
Sehnsucht nach der Freundin

desiderium tui
Sehnsucht nach dir

silentio facto 100
nachdem Stille eingekehrt war

101	**silva**	**silvae**	Wald
102	**sine**	*Präp. m. Abl.*	ohne
103	**sinere**	**sinō, sīvī, situm**	lassen, erlauben
104	**dēsinere**	**dēsinō, dēsiī, dēsitum**	aufhören
105	**pōnere**	**pōnō, posuī, positum**	(auf)stellen, (hin)legen, setzen
106	**positus**	**posita, positum**	gelegen (*bei Ortsangaben*)
107	**compōnere**	**compōnō, composuī, compositum**	abfassen, ordnen, schlichten; vergleichen
108	**dēpōnere**	**dēpōnō, dēposuī, dēpositum**	niederlegen, aufgeben
109	**impōnere**	**impōnō, imposuī, impositum**	auferlegen, einsetzen
110	**prōpōnere**	**prōpōnō, prōposuī, prōpositum**	darlegen, in Aussicht stellen
111	**sinister**	**sinistra, sinistrum**	links; trügerisch, falsch
112	**sinistra**	**(manus)**	die Linke, die linke Hand
113	**sinus**	**sinūs** *m*	Brust, Bucht, Tasche, Krümmung
114	**sitis**	**sitis** *f*	Durst
115	**sōl**	**sōlis** *m*	Sonne
116	**sōlācium**	**sōlāciī**	Trost, Trostmittel
117	**solēre**	**soleō, solitus sum**	gewohnt sein, gewöhnlich etw. tun
118	**solum**	**solī**	(Erd-)Boden, Grund
119	**sōlus**	**sōla, sōlum**	allein, einzig
120	**sōlum**	*Adv.*	nur
121	**nōn sōlum ... sed etiam**		nicht nur ... sondern auch

	Sylvia, Silvester	
	f. sans, i. senza, s. sin	

Sine te beatior sum.	102
Ohne dich bin ich glücklicher.	
Sine me!	103
Lass mich (in Ruhe)!	
Tibi adsim **sine**!	
Lass mich dir helfen!	
Liberos vinum bibere non **sinimus**.	
Wir erlauben nicht, dass Kinder Wein trinken.	
Wir lassen die Kinder keinen Wein trinken.	

Posten, Post, Position, Disposition	
komponieren, Kompott, Kompost	
deponieren, Depot	
imponieren, f. imposer	
e. to propose, f. proposer, s. proponer	

simulacrum in curia ponere	105
ein Bild in die Kurie stellen	
spem in amicitia ponere	
Hoffnung auf die Freundschaft setzen	
castra ponere	
ein Lager aufstellen	

e. sinister, f. sinistre, i. sinistro

Sinus, Cosinus

carmen componere	107
ein Gedicht verfassen	
dicta cum factis componere	
Worte und (mit) Taten vergleichen	

O, Ph   f. soif, i. sete, s. sed

Solarium, f. soleil, i. sole, s. sol

spem deponere	108
die Hoffnung aufgeben	

s. soler

Iucundum mihi proponis amorem.	110
Du stellst mir eine angenehme Liebe in Aussicht. (Catull)	

C, O   Sohle, e. soil, f. sol, i. suolo, s. suelo

Solo, Solist, e. sole, f. seul, i./s. solo
i./s. solo

Sol oritur.	115
Die Sonne geht auf.	
Sol occidit.	
Die Sonne geht unter.	
Fratrem interrogo, ut **soleo**.	117
Ich frage wie gewöhnlich meinen Bruder.	

122	solvere	solvō, solvī, solūtum	lösen, auflösen, bezahlen
123	dissolvere	dissolvō, dissolvī, dissolūtum	auflösen, vernichten
124	somnus	somnī	Schlaf
125	soror	sorōris *f*	Schwester
126	spargere	spargō, sparsī, sparsum	ausstreuen, bespritzen, verbreiten
127	spatium	spatiī	Raum, Zeit(raum), Strecke
128	speciēs	speciēī *f*	Anblick, Aussehen, Schein
129	aspicere	aspiciō, aspexī, aspectum	erblicken
130	cōnspicere	cōnspiciō, cōnspexī, cōnspectum	erblicken
131	cōnspectus	cōnspectūs *m*	Anblick, Blickfeld
132	perspicere	perspiciō, perspexī, perspectum	erkennen, genau betrachten, sehen
133	prōspicere	prōspiciō, prōspexī, prōspectum	schauen auf, sehen
134	respicere	respiciō, respexī, respectum	zurückblicken, berücksichtigen
135	suspicārī	suspicor	vermuten
136	suspīciō	suspīciōnis *f*	Vermutung, Verdacht
137	spectāre	spectō	betrachten, hinsehen; anstreben
138	exspectāre	exspectō	warten, erwarten
139	spēs	speī *f*	Hoffnung, Erwartung
140	spērāre	spērō	hoffen, erwarten
141	dēspērāre	dēspērō	die Hoffnung aufgeben, verzweifeln
142	spīritus	spīritūs *m*	Atem, Seele
143	spoliāre	spoliō (*m. Abl.*)	berauben (e-r Sache), plündern
144	sponte	(meā, tuā, suā)	freiwillig, mit eigener Kraft, von selbst

	solvent, insolvent, absolvieren, absolut	**Curis solutus beatus eris.**	122
Ci, N, Ph	f. dissoudre	Von Sorgen befreit (ohne Sorgen) wirst du glücklich sein.	
	f. sommeil, i. sonno	**Miles vincula captivorum solvit.** Der Soldat löst die Fesseln der Gefangenen.	
	f. soeur, i. sorella	**Milites naves solvunt.** Die Soldaten segeln ab.	
		Fur poenam solvit. Der Dieb wird bestraft.	
	spazieren, e. space, f. espace, i. spazio	**patriae prospicere**	133
	Spezies, speziell, spezifisch, f. espèce	um die Heimat besorgt sein	
	Aspekt, e./f. aspect	**futura prospicere** die Zukunft vorhersehen	
		finem respicere	134
	Perspektive, i. perspicuo	auf das Ende achten	
	Prospekt, prospektiv	**ad urbem respicere**	
	Respekt, e./f. respect, f. respecter	zur Stadt zurückschauen	
	suspekt, e./f. suspect		
	e. suspicion, i. sospetto, s. sospecha	**Vitanda tibi est omnis avaritiae suspicio.** Du musst jeden Verdacht vermeiden, habgierig zu sein. (Cicero)	136
	e. to expect, i. aspettare		
		spes pacis Hoffnung auf Frieden	139
	f. espérer, i. sperare, s. esperar		
	Desperado, e. to despair, f. désespérer	**spe celerius** schneller als erwartet (erhofft)	
	Spiritus, Spiritismus, e. spirit, f. esprit	**Nonnulli de salute desperaverunt.** Manche gaben die Hoffnung auf Rettung auf.	141
	e. to spoil		
	spontan, e. spontaneous, f. spontané	**Hostes armis spoliemus!** Lasst uns den Feinden die Waffen abnehmen!	143

145	stāre	stō, stetī, statūrum	stehen
146	statim	Adv.	sofort, auf der Stelle
147	status	statūs *m*	Lage, Verfassung, Zustand
148	statua	statuae	Standbild, Statue
149	cōnstāre	cōnstō, cōnstitī	kosten
150		ex *m. Abl.*	bestehen aus
151	cōnstat	*m. AcI*	es ist bekannt, es steht fest
152	īnstāre	īnstō, īnstitī	bevorstehen, hart zusetzen
153	obstāre	obstō, obstitī, obstātūrum (*m. Dat.*)	hinderlich sein, im Weg stehen, Widerstand leisten
154	praestāre	praestō, praestitī *m. Akk.*	gewähren, leisten, zeigen
155		*m. Dat.*	übertreffen
156	restāre	restō, restitī	übrig bleiben; Widerstand leisten
157	statuere	statuō, statuī, statūtum	aufstellen, beschließen, festsetzen
158	cōnstituere	cōnstituō, cōnstituī, cōnstitūtum	festsetzen, beschließen
159	īnstituere	īnstituō, īnstituī, īnstitūtum	beginnen, einrichten, unterrichten
160	restituere	restituō, restituī, restitūtum	wiederherstellen
161	sistere	sistō, stetī (stitī), statum	(hin)stellen, aufhalten, hemmen, zum Stehen bringen
162	cōnsistere	cōnsistō, cōnstitī	haltmachen, sich aufstellen
163	exsistere	exsistō, exstitī	(vorhanden) sein, auftreten, hervorkommen
164	resistere	resistō, restitī	stehen bleiben; Widerstand leisten
165	strenuus	strenua, strenuum	entschlossen, tüchtig; wirksam
166	studēre	studeō	sich (wissenschaftlich) beschäftigen
167		(*m. Dat.*)	sich bemühen (um), streben (nach)
168	studium	studiī	Beschäftigung, Engagement, Interesse
169	stultus	stulta, stultum	dumm

		e. to stay, i. stare, s. estar
O, Pl		Staat, Status, e. state, i. stato, s. estado
Ci, G, N		e./f. statue, i. statua, e. estatua
		konstant, Konstanze
		Instanz, s. instar
Ci, O		e. obstacle
		Rest, Arrest, e. rest, f. rester, s. restar
		statuieren, Statut, f. statuer
		Konstitution, e./f. constitution
		Institution, Institut, e. institute
		f. restituer, s. restituir
O, Pl		assistieren
		Konsistenz, e. to consist, f. consister
Ci, G, O		existieren, Existenz, e. to exist, f. exister
		resistent, e. to resist, f. résister
G, N		
		studieren, Student, e. to study, f. étudier
		Studium, e. study, f. étude, i. studio
		stolz

status liberarum civitatum 147
die Verfassung freier Gemeinden

parvo (magno) constare 149
wenig (viel) kosten

Oratio e compluribus 150
partibus constat.
Eine Rede besteht aus mehreren Teilen.

Ciceronem multas orationes 151
habuisse constat.
Es steht fest, dass Cicero viele Reden
gehalten hat.

Furori obstare debemus. 153
Wir müssen uns dem Wahnsinn widersetzen.

Superbia nobis obstat,
ne alios imitemur.
Unser Stolz hindert uns daran,
andere nachzuahmen.

officium praestare 154
seine Pflicht erfüllen

virtutem praestare
Tapferkeit zeigen

omnibus virtute praestare 155
alle an Tapferkeit übertreffen

aquam sistere 161
das Wasser aufhalten

Nullum facinus exstitit nisi per te. 163
Es gab keine Untat außer durch dich. (Cicero)

Litteris studebamus. 167
Wir bemühen uns um die Wissenschaft.

170	suādēre	suādeō, suāsī, suāsum	raten, empfehlen
	persuādēre	**persuādeō, persuāsī, persuāsum**	
171		*m. Dat.*	jdn. überreden, überzeugen
172		*m.* **ut**	überreden
173		*m. AcI*	überzeugen
174	**sub**	*Präp. m. Abl.*	unten an /bei, unter (*wo?*)
175		*Präp. m. Akk.*	nahe an ... heran, unter (*wohin?*)
176	**super**	*Präp. m. Abl.*	(oben) auf, über (*wo?*)
177		*Präp. m. Akk.*	(oben) auf, über (... hinaus) (*wohin?*)
178	super	*Adv.*	außerdem
179	**superī**	**superōrum** *m Pl.*	die Götter
180	**superior**	**superiōris**	der frühere, der weiter oben gelegene
181	**suprēmus**	**suprēma, suprēmum**	der höchste, der oberste, der letzte
182	**summus**	**summa, summum**	der höchste, der oberste, der letzte
183	summa	summae	Ergebnis, Summe, Gesamtheit, Hauptsache
184	**suprā**	*Adv.*	darüber hinaus, oben
185	**superāre**	**superō**	besiegen, überragen, übertreffen
186	**superbus**	**superba, superbum**	stolz, überheblich
187	**superbia**	**superbiae**	Stolz, Überheblichkeit
188	**supplex**	**supplicis**	demütig bittend
189	**supplicium**	**suppliciī**	flehentliches Bitten; Strafe, Hinrichtung
190	**suus**	**sua, suum**	sein, ihr

Ph, Pl			
	persuasiv, e. to persuade, f. persuader	**Tibi persuasi, ut me iuvares.**	172
		Ich habe dich überredet,	
		dass du mir hilfst (mir zu helfen).	
	s. persuadir	**Tibi persuasi haec omnia agenda esse.**	173
	e. sub-, f. sous, i. sotto	Ich habe dich überzeugt, dass dies alles getan werden muss.	
	super, Supermarkt, Sopran	**Hostes sub monte consederunt.**	174
		Die Feinde ließen sich am Fuße des Berges nieder.	
Ca, Ph			
		Sub primam lucem profecti sunt.	175
	e./s. superior, i. superiore	Bei Tagesanbruch brachen sie auf.	
	e. supreme, f. suprême, s. supremo	**Primo proelio Catilina superior discessit.**	180
Ci, Pl	Summe	Aus dem ersten Gefecht ging Catilina als Sieger davon.	
	Sopran, i. sopra	Das erste Gefecht gewann Catilina.	
	i. superare, s. superar	**Hostes superiores erant.**	
	e. superb, f. superbe, i. superbo	Die Feinde waren überlegen.	
		summus mons	182
		der Gipfel des Berges	
	f. supplice, s. suplicio	**ad summam**	183
		insgesamt	
	f. son, sa, i. suo, sua, s. su	**summa culpae**	
		die Gesamtheit der Schuld	
		in summa dicere	
		zusammenfassend sagen	
		supplicium sceleris	189
		Strafe für ein Verbrechen	
		de scelerato supplicium sumere	
		an einem Verbrecher die Todesstrafe vollstrecken	

T

1	**tabula**	tabulae	Tafel, Gemälde, Aufzeichnung
2	**tacēre**	taceō	schweigen, verschweigen
3	**tacitus**	tacita, tacitum	lautlos, still, verschwiegen
4	talentum	talentī	Talent (*Geldsumme*)
5	**tam**	Adv.	so
6	**tam ... quam**		so ... wie
7	**tamen**	Kj.	dennoch, jedoch
8	**tamquam**	Adv.	wie
9		Subj.	wie wenn, als ob
10	**tandem**	Adv. im Aussagesatz	endlich
11		Adv. im Fragesatz	denn eigentlich
12	**tantus**	tanta, tantum	so groß, so viel
13	**tantum**	Adv. (*nachgestellt*)	nur
14	**tālis**	**tāle**	derartig, ein solcher, so beschaffen
15	**tum**	Adv.	da, damals, dann, darauf
16	**tunc**	Adv.	damals, dann
17	**tot**	indekl.	so viele
18	**tangere**	**tangō, tetigī, tāctum**	berühren
19	**attingere**	**attingō, attigī, attāctum**	berühren
20	**contingere**	**contingō, contigī, contāctum**	berühren; gelingen
21	**tegere**	**tegō, tēxī, tēctum**	bedecken, schützen, verbergen
22	**tēctum**	tēctī	Dach, Haus
23	toga	togae	Toga
24	**tēlum**	**tēlī**	(Angriffs-)Waffe, Geschoss

	Tabelle, Tablette, e./f. table, i. tavola	**Non tam diligens sum quam tu.** Ich bin nicht so gewissenhaft wie du.	6
	i. tacere	**puerum tamquam filium diligere** den Jungen wie einen Sohn lieben	8
G, N	talentiert, e./f. talent	**tamquam (si) tua res agatur** wie wenn es um dich ginge	9
	s. tan	**Tandem adestis!** Endlich seid ihr da!	10
		Quid tandem veremini? Was fürchtet ihr (euch) eigentlich?	11
		tantum pecuniae so viel Geld	12
	f. tant, i./s. tanto	**Est tanta in te auctoritas, quanta debet.** Deine Autorität ist so groß, wie sie sein muss.	
	f. tel, i. tale, s. tal	**Lingua tantum nos terret.** Nur die Sprache erschreckt uns.	13
	Takt, Tangente e. attain, f. atteindre Kontingent, Kontakt, e./f. contact	**Qualis homo ipse est, talis est eius oratio.** Wie der Mensch selbst ist, so (derart) ist seine Rede.	14
	Protektion f. toit, i. tetto, s. techo	**Quot homines, tot sententiae.** (Es gibt) so viele Meinungen wie Menschen. (Terenz)	17
G, M		**Dextram amici contigi.** Ich habe die rechte Hand des Freundes ergriffen. **Hoc tibi contingat!** Hoffentlich gelingt (glückt) dir dies!	20

25	templum	templī	Tempel, heiliger Ort
26	temptāre	temptō	angreifen; prüfen, versuchen
27	tempus	temporis *n*	(günstige) Zeit, Umstände
28	tempestās	tempestātis *f*	Sturm, (schlechtes) Wetter; Zeit
	temperāre	temperō	
29		(ā *m. Abl.*)	sich fernhalten (von)
30		*m. Akk.*	lenken, ordnen
31		*m. Dat.*	maßvoll gebrauchen, zurückhalten
32	tendere	tendō, tetendī, tentum	sich anstrengen, spannen, (aus)strecken
33	contendere	contendō, contendī	behaupten; eilen; sich anstrengen; kämpfe
34	ostendere	ostendō, ostendī	zeigen, erklären
35	tenebrae	tenebrārum *f Pl.*	Dunkelheit, Finsternis
36	tenēre	teneō, tenuī, tentum	halten, festhalten, besitzen
37	continēre	contineō, continuī, contentum	festhalten
38		(*m. Abl.*)	*Pass.* enthalten sein, beruhen (auf etw.)
39	contentus	contenta, contentum	zufrieden
40	obtinēre	obtineō	(in Besitz) haben, (besetzt) halten
41	pertinēre	pertineō (ad *m. Akk.*)	betreffen, gehören (zu), sich erstrecken (bis
42	retinēre	retineō	behalten, festhalten, zurückhalten
43	sustinēre	sustineō, sustinuī	ertragen, standhalten
44	prōtinus	*Adv.*	sofort
45	tergum	tergī	Rücken
46	terrēre	terreō	erschrecken
47	perterrēre	perterreō	einschüchtern, sehr erschrecken
48	theātrum	theātrī	Theater

e./f. temple, i. tempio, s. templo	**hoc tempore** 27 zu dieser Zeit, derzeit **ipso tempore** gerade zur rechten Zeit
e. to tempt, f. tenter, i. tentare, s. tentar	
Tempo, Extemporale, f. temps, s. tiempo e. tempest, f. tempête, i. tempesta	**Ab iniuria temperemus!** 29 Wir wollen uns von Unrecht fernhalten!
Temperament, Temperatur, temperieren	**Romani rem publicam legibus temperabant.** 30 Die Römer ordneten ihren Staat mit Gesetzen.
Tendenz, tendieren, f. tendre, i. tendere	**Vix lacrimis temperare possum.** 31 Ich kann die Tränen kaum zurückhalten.
ostentativ	
f. ténèbres	**Nonnulli contendunt linguam Latinam difficilem esse.** 33 Einige Leute behaupten, dass Latein schwierig sei.
f. tenir, i. tenere, s. tener Container, e. to contain, f. contenir	**Verba Latina discere contendamus!** Wir wollen uns beeilen, die lateinischen Wörter zu lernen!
e./f. content, i./s. contento	
e. to obtain, f. obtenir, s. obtener	**Liberi contendunt, ut verba discant.** Die Kinder strengen sich an, dass sie die Wörter lernen.
f. retenir, i. ritenere, s. retener	**provinciam obtinere** 40 eine Provinz verwalten **regnum obtinere** eine Herrschaft innehaben **locum obtinere** einen Platz einnehmen
e. to sustain, f. soutenir, s. sostener	
Terror, Terrorist, e. terror, f. terreur	
M, Ph	**Miles gravibus vulneribus se sustinere non iam potuit.** 43 Der Soldat konnte sich aufgrund seiner schweren Wunden nicht mehr aufrecht halten.

T

49	timēre	timeō	Angst haben, fürchten
50	timidus	timida, timidum	ängstlich
51	timor	timōris *m*	Angst, Furcht
52	tollere	tollō, sustulī, sublātum	aufheben, in die Höhe heben, wegnehmen
53	torquēre	torqueō, torsī, tortum	drehen, quälen, schleudern
54	tormentum	tormentī	Folter, Qual; Geschütz (Wurfmaschine)
55	torrēre	torreō, torruī, tostum	verbrennen, braten, ausdörren, trocknen
56	terra	terrae	Erde, Land
57	tōtus	tōta, tōtum (*Gen.* tōtīus, *Dat.* tōtī)	ganz
58	trahere	trahō, trāxī, tractum	ziehen, schleppen
59	tremor	tremōris *m*	Zittern
60	trēs	trēs, tria	drei
61	tertius	tertia, tertium	der (die, das) dritte
62	trīgintā	*indekl.*	dreißig
63	trecentī	trecentae, trecenta	dreihundert
64	testis	testis *m/f* (*Gen. Pl.* -**ium**)	Zeuge, Zeugin
65	tribūnus	tribūnī	(Militär-)Tribun
66	tribuere	tribuō, tribuī, tribūtum	schenken, zuteilen
67	trīstis	trīste	traurig; unfreundlich
68	tū		du
69	tuus	tua, tuum	dein
70	tēcum	(~ cum tē)	mit dir

O, Ph	e. timid, f. timide, i. timido, s. tímido	
	s. temor	
	i. togliere	
	Torsion, Torte, Tortur	
C, Pl		
Ca, G	Toast, e. to toast	
	Terrarium, Terrasse, Territorium	
	total, totalitär, e./f. total	
	Traktor, i. trarre, s. traer	
O, Pl	Tremolo	
	Trio, e. three, f. trois, i. tre, s. tres	
	Terz	
Ca, N	f. trois cents, i. trecento, s. trescientos	
	Test, Testament, Attest, Testikel	
	Tribut, Attribut, f. attribuer, i. attribuire	
	trist, f./i./s. triste	
	f./i. tu, s. tú	
	f. ton, ta, i. tuo, tua, s. tu	
	s. contigo	

Timeo, ne cadam. 49
Ich fürchte, dass ich falle.
Ich habe Angst (davor) hinzufallen.

manus ad caelum tollere 52
die Hände zum Himmel erheben

simulacra e templo tollere
die Bilder aus dem Tempel wegnehmen

clamorem tollere
ein Geschrei erheben
zu schreien beginnen

tela torquere 53
Geschosse schleudern

servum torquere
den Sklaven foltern

fame torqueri
von Hunger gequält werden

agros torrere 55
die Äcker ausdörren

fructus torrere
Früchte trocknen

toto orbe terrarum 57
auf der ganzen Welt

tremor terrae 59
Erdbeben

ius suum cuique tribuere 66
jedem sein Recht zuteilen

laudem tribuere
Lob spenden

71	tuērī	tueor *m. Akk.*	betrachten, schützen, sorgen für, (milit.) sichern
72	intuērī	intueor	anschauen
73	tūtus	tūta, tūtum	sicher
74	tumulus	tumulī	Hügel, Grabhügel
75	turba	turbae	Menschenmenge, Lärm, Verwirrung
76	turbāre	turbō	durcheinanderbringen, stören
77	perturbāre	perturbō	in Verwirrung bringen
78	turpis	turpe	(sittlich) schlecht, hässlich, schändlich
79	turris	turris *f* (*Gen. Pl.* **-ium**)	Turm

Tutor	
intuitiv, Intuition	

C, O

Trubel, Turbine, turbulent, e./f. trouble	
e. to trouble, f. troubler, s. turbar	
s. perturbar	

e. tower, f. tour, i./s. torre	

fines suos tueri 71
sein Gebiet sichern

liberos tueri
für die Kinder sorgen

tutus ab omni periculo 73
vor jeder Gefahr sicher

in tuto esse
in Sicherheit sein

mare turbatum 76
das aufgewühlte Meer

animos turbare
die Gemüter beunruhigen

aciem hostium turbare
die Schlachtreihe der Feinde
in Verwirrung bringen

turpe existimare 78
für schändlich halten

homo turpis
ein unanständiger Mensch

U

1	**ubi**		wo
2		*Subj. m. Ind.*	sobald
3	**unde**		woher
4	**undique**	*Adv.*	von allen Seiten
5	**uterque**	**utraque, utrumque**	beide; jeder (von zweien)
6	**utrum**		ob
7	**ut**	*Adv.*	wie
8		*Subj. m. Ind.*	sobald, sooft
9		*Subj. m. Konj.*	dass, sodass, damit; angenommen dass, wenn auch
10	**utinam**	*m. Konj.*	hoffentlich, wenn doch!
11	**sīcut**	*Adv.*	(so) wie
12	**umbra**	**umbrae**	Schatten
13	**umerus**	**umerī**	Schulter, Oberarm
14	**unda**	**undae**	Welle, Gewässer
15	**ūnus**	**ūna, ūnum** (*Gen.* **ūnīus**, *Dat.* **ūnī**)	ein(er), ein einziger
16		**ex/dē** *m. Abl.*	einer von
17	**ūnā**	*Adv.*	zugleich, zusammen
18	**ūniversus**	**ūniversa, ūniversum**	gesamt
19		*Pl.*	alle (zusammen)
20	**ūllus**	**ūlla, ūllum** (*Gen.* **ūllīus**, *Dat.* **ūllī**)	irgendeiner
21	**nōn**		nicht
22	**nūllus**	**nūlla, nūllum** (*Gen.* **nūllīus**, *Dat.* **nūllī**)	kein
23	**nōnnūllī**	**nōnnūllae, nōnnūlla**	einige, manche
24	**nōndum**	*Adv.*	noch nicht

f. où	**Ubi fuisti?** 1 Wo bist du gewesen?
	Ubi te conspexi, surrexi. 2 Sobald ich dich erblickt habe, bin ich aufgestanden.
	Uterque consul profectus est. 5 Beide Konsuln brachen auf.
	Marcus oppidum intravit, 7 **ut fieri solet.** Marcus betrat wie gewohnt die Stadt. Marcus betrat, wie es gewöhnlich geschieht, die Stadt.
f. ombre, i. ombra, s. sombra	
	Ut oppidum intravit, amicum 8 **convenit.** Sobald er die Stadt betreten hatte, traf er einen Freund.
f. onde, i. onda	
Union, e. one, f. un, i./s. uno	**Oppidum intravit, ut amicum** 9 **conveniret.** Er hat die Stadt betreten, um einen Freund zu treffen.
	Ut desint vires, tamen est **laudanda voluntas.** Wenn auch die Kräfte fehlen, muss doch der Wille gelobt werden. (Ovid)
universal, Universum, Universität	
e./s. no, f./i. non Null, annullieren	**Utinam illum diem videam!** 10 Hoffentlich erlebe ich jenen Tag noch! **Utinam pater viveret!** Wenn doch der Vater noch leben würde!
	sine ulla mora 20 ohne irgendeine Verzögerung

25	**urbs**	**urbis** *f* (*Gen. Pl.* **-ium**)	Stadt, Hauptstadt
26	ūrere	ūrō, ussī, ustum *trans.*	(ver)brennen, ausdörren, austrocknen
27	**ūsque**	*Adv.*	ohne Unterbrechung
28		**ā** *m. Abl.*	seit
29		**ad** *m. Akk.*	bis zu
30	**ūtī**	ūtor, ūsus sum *m. Abl.*	benutzen, gebrauchen
31	**ūtilis**	ūtile	nützlich
32	ūtilitās	ūtilitātis *f*	Nutzen, Vorteil
33	**ūsus**	ūsūs *m*	Nutzen, Benutzung, Erfahrung
34	**uxor**	uxōris *f*	Ehefrau

	urban, Urbanisierung	**urbem augere** die Stadt (an Einwohnerzahl) vergrößern	25
Ca, G, O		**Medici vulnera urunt.** Die Ärzte brennen die Wunden aus.	26
	f. jusqu' à	**Puella uritur.** Das Mädchen brennt vor Liebe. Das Mädchen ist heiß verliebt.	
	e. to use, f. user, i. usare, s. usar f./i. utile, s. útil	**usque ab hoc tempore** seit dieser Zeit	28
Ci, N	e. utility, f. utilité Usus, e. use, useful, f. usage, i./s. uso	**usque ad hoc tempus** bis zu dieser Zeit	29
		ex usu populi Romani esse dem römischen Volk nützlich sein **populo Romano usui esse** dem römischen Volk nützlich sein	33

V

1	vagārī	vagor	sich herumtreiben, sich ausbreiten
2	**valēre**	**valeō**	gesund sein, stark sein, Einfluss haben
3	vānus	vāna, vānum	leer; eitel, prahlerisch
4	**varius**	**varia, varium**	bunt, verschieden, vielfältig
5	**vās**	**vāsis** *n*	Gefäß
6		*Pl.* **vāsa, vāsōrum**	
7	**vāstus**	**vāsta, vāstum**	riesig; öde, verwüstet
8	vātēs	vātis *m/f*	Seher(in), Dichter(in), Sänger(in)
9	-ve		oder
10	vehere	**vehō, vēxī, vectum**	fahren, tragen, ziehen
11	vehī	**vehor, vectus sum** *m. Abl.*	sich fortbewegen, fahren (mit / auf / in)
12	vehemēns	vehementis	energisch, heftig
13	vexāre	vexō	quälen, misshandeln, schädigen
14	**velle**	**volō, voluī**	wollen
15	**vel**	*Kj.*	oder, sogar
16	**vel … vel**		entweder … oder
17	**velut**	*Adv.*	wie, wie zum Beispiel
18	**voluntās**	**voluntātis** *f*	Wille, Absicht, Zustimmung
19	**voluptās**	**voluptātis** *f*	Lust, Vergnügen
20	invītus	invīta, invītum	ungern, gegen den Willen
21	invītāre	invītō	einladen, (höflich) auffordern
22	**quamvīs**	*Subj. m. Konj.*	wenn auch
23		*Adv.*	beliebig, wie du willst
24	**mālle**	**mālō, māluī**	lieber wollen
25	**nōlle**	**nōlō, nōluī**	nicht wollen

O, Ph	Vagabund	**bene valere** bei guter Gesundheit sein	2
	Valenz, Rekonvaleszenz, Invalide	**vano metu territus** von grundloser Furcht erschreckt	3
G, Ph	e./f. vain, i./s. vano		
	variabel, Variante, Variation, e. various	**mare vastum** das weite Meer	7
		loca vasta *n Pl.* eine öde (menschenleere) Gegend	
	e. vast, waste, f. vaste, i./s. vasto	**onus umeris vehere** eine Last mit (auf) den Schultern tragen	10
Ci, O		**curru vehi** im (auf dem) Wagen fahren	11
		equo vehi (auf dem Pferd) reiten	
	Vehikel, Vektor	**Domino invito servus abiit.** Gegen den Willen des Herrn ging der Sklave weg.	20
	vehement, e. vehement, f. véhément		
C, Ci, O		**Servus dominae paruit invitus.** Der Sklave gehorchte der Herrin ungern.	
	f. vouloir, i. volere	**Quamvis fortis esset, gladiator periit.** Der Gladiator kam um, so tapfer er auch war.	22
	Volontär, f. volonté, i. volontà	**quamvis multi** beliebig viele	23
	f. volupté, i. voluttà, s. voluptad	**quamvis longum tempus** beliebig lange Zeit	
Ci, Ph	e. to invite, f. inviter, i. invitare, s. invitar		
		Noli timere! (Ne timueris!) Hab keine Angst!	25
	Nolens volens	**Nolite timere! (Ne timueritis!)** Habt keine Angst!	

26	**vendere**	**vendō, vendidī, venditum**	verkaufen
27	venēnum	venēnī	Gift, (giftiger) Saft
28	**venia**	**veniae**	Gefallen, Nachsicht, Verzeihung
29	venīre	veniō, vēnī, ventum	kommen
30	adventus	adventūs *m*	Ankunft
31	circumvenīre	circumveniō, circumvēnī, circumventum	umringen, umzingeln
32	convenīre	conveniō, convēnī, conventum	besuchen, zusammenkommen; zusammenpassen
33	cōntiō	cōntiōnis *f*	(Volks-)Versammlung
34	**ēvenīre**	**ēveniō, ēvēnī, ēventum**	sich ereignen
35	invenīre	inveniō, invēnī, inventum	finden, erfinden
36	pervenīre	perveniō, pervēnī, perventum ad/in *m. Akk.*	kommen zu/nach
37	ventus	ventī	Wind
38	verberāre	verberō	geißeln, schlagen
39	verbum	verbī	Wort, Äußerung
40	**verērī**	**vereor, veritus sum**	fürchten, sich scheuen; verehren
41	**vertere**	**vertō, vertī, versum**	drehen, wenden
42	versus	versūs *m*	Vers
43	vertex	verticis *m*	Kopf; Gipfel, Scheitel; Strudel
44	**adversus**	**adversa, adversum**	entgegengesetzt, feindlich
45	**adversus**	*Adv.*	entgegen
46		*Präp. m. Akk.*	gegen
47	adversārius	adversāria, adversārium	feindlich
48		*Subst.*	Gegner

	f. vendre, i. vendere, s. vender
Ca, G, N, O	i. veleno, s. veneno
	f./s. venir, i. venire
	Advent, Abenteuer
	Konvention, Konvent, konventionell
Ci, N	
	eventuell, Event
	Inventur, Inventar, e. to invent, f. inventer
	f. parvenir
	Ventil, Ventilator, i. vento, s. viento
G, K	
	Verb, verbal, f. verbe, i./s. verbo
	Reverenz
	Version, versiert
Ca, M, Ph	f. vers, i./s. verso
M, O	vertikal
	f. adverse
G, N	e. adversary, f. adversaire
	s. adversario

parvo (magno) vendere   26
billig (teuer) verkaufen

venenum sumere   27
Gift nehmen

Tibi auxilio veniam.   29
Ich werde dir zu Hilfe kommen.

Hoc mihi in mentem venit.
Dies kommt mir in den Sinn.
Daran erinnere ich mich.

Amicam convenio.   32
Ich besuche meine Freundin.

Amicae conveniunt.
Die Freundinnen kommen zusammen.

Pax convenit inter hostes.
Zwischen den Feinden kommt
Frieden zustande.

Ea res aliter evenit ac putaveram.   34
Diese Sache kam anders,
als ich geglaubt hatte.

Bene evenit, ut Claudia mihi adsit.
Es trifft sich gut, dass Claudia mir hilft.

ad forum pervenire   36
zum Forum gelangen (kommen)

res adversae   44
Unglück

ventus adversus
der Gegenwind

adversus ire   45
entgegengehen

adversus legem agere   46
gegen das Gesetz handeln

49	dīversus	dīversa, dīversum	entgegengesetzt, feindlich, verschieden
50	prōrsus	Adv.	überhaupt, völlig
51	rūrsus	Adv.	wieder
52	āvertere	āvertō, āvertī, āversum	abwenden, vertreiben
	animadvertere	animadvertō, animadvertī, animadversum	
53		m. AcI/Akk.	bemerken
54		in m. Akk.	vorgehen gegen
55	convertere	convertō, convertī, conversum	verändern, (um)wenden
56	revertī	revertor, revertī, reversum	zurückkehren
57	versārī	versor	sich aufhalten, sich befinden
58	vērus	vēra, vērum	echt, richtig, wahr
59	vērō	Adv.	in der Tat, wirklich; aber
60	vērum	Adv.	aber, sondern
61	sevērus	sevēra, sevērum	streng, ernst
62	vestīgium	vestīgiī	Spur, Stelle, Fußsohle
63	vestis	vestis f (Gen. Pl. -ium)	Kleidung; Pl. Kleider
64	vetāre	vetō, vetuī, vetitum m. Akk.	verbieten
65	vetus	veteris	alt
66	via	viae	Straße, Weg
67	obviam	Adv.	entgegen
68	vīcus	vīcī	Dorf, Gasse
69	vīcīnus	vīcīna, vīcīnum	benachbart, nah
70		Subst.	Nachbar
71	vīlla	vīllae	Haus, Landhaus

		Video, Vision, revidieren, evident
		e. to view, f. voir, s. ver
Ci, O, Pl		e. to envy, f. envier, i. invidiare, s. envidiar
		e. envy, f. envie, i. invidia, s. envidia
		Provision, e. to provide, f. pourvoir, i. provvidere, s. proveer
G, N		e./f. prudence, i. prudenza, s. prudencia
		Visite, Visitenkarte, Revision
Ci, Ph		f. veiller, i. vigilare, s. vigilar
		f. vingt, s. veinte
		Vinzenz, i. vincere, s. vencer
		Viktor, e. victor, i. vincitore
		e. victory, f. victoire, i. vittoria, s. victoria
G, O		
		s. vinculo
		e. to vindicate, f. venger, i. vendicare, s. vengar
		e. wine, f. vin, i./s. vino

Vides me bene laboravisse. Du siehst, dass ich gut gearbeitet habe.	72
Vide, ut idem facias! Sieh zu, dass du dasselbe tust!	
Periculum mihi magnum **videtur**. Die Gefahr scheint mir groß (zu sein).	73
Hostes flumen transire **videntur**. Die Feinde scheinen den Fluss zu überschreiten.	
Senatui **visum est** legatos mittere. Der Senat hat beschlossen, Gesandte zu schicken.	
Animus verum **providet**. Das Herz sieht (erkennt) die Wahrheit.	76
Consules rei publicae **provident**. Die Konsuln sorgen für den Staat.	77
Providebo, ut in pace esse possitis. Ich werde dafür sorgen, dass ihr in Frieden leben könnt.	78
Ulixes multa esse **prudentia** existimatus est. Man meinte, dass Odysseus sehr klug sei. Man hielt Odysseus für sehr klug.	79
malum **vindicare** eine Übeltat bestrafen	91
plebem in libertatem **vindicare** der Plebs die Freiheit bringen	
in hostes **vindicare** gegen die Feinde vorgehen	92

V

94	vir	virī	Mann
95	virtūs	virtūtis f	Tapferkeit, Tüchtigkeit, Vortrefflichkeit, Leistung
96	virtūtēs	virtūtum f Pl.	gute Eigenschaften, Verdienste
97	virgō	virginis f	Mädchen, Jungfrau
98	vīs	Akk. vim, Abl. vī f	Gewalt, Kraft, Menge
99	vīrēs	vīrium f Pl.	Streitkräfte
100	violāre	violō	entehren, verletzen
101	vītāre	vītō	meiden, vermeiden
102	vitium	vitiī	Fehler, schlechte Eigenschaft
103	vīvere	vīvō, vīxī, vīctūrum	leben
104	vīctus	vīctūs m	Lebensunterhalt, Lebensweise
105	vīvus	vīva, vīvum	lebend, lebendig
106	vīta	vītae	Leben, Lebensweise
107	convīvium	convīviī	Gastmahl, Gelage
108	vix	Adv.	kaum, (nur) mit Mühe
109	volāre	volō	eilen, fliegen
110	volvere	volvō, volvī, volūtum	rollen, wälzen; überlegen
111	vōs	Nom.	ihr
112		Akk.	euch
113	vester	vestra, vestrum	euer
114	vōtum	vōtī	Gebet, Gelübde, Wunsch

	virtuos, e. virtue, f. vertu, i. virtù, s. virtud	**virtus militum** 95 die Leistung (Tapferkeit) der Soldaten **omnibus virtute praestare** alle an Tapferkeit übertreffen **virtutes Ciceronis** Ciceros Verdienste
	e. virgin, f. vierge, i. vergine, s. virgen	
		vis corporis et animi 98 körperliche und geistige Kraft **castra vi capere** das Lager im Sturm (gewaltsam) erobern **vim facere** Gewalt anwenden **vis dicendi** Redekraft, Redegewandtheit **vis auri** eine Menge Gold(es)
	e. to violate, f. violer, i. violare, s. violar	
	f. éviter, i. evitare, s. evitar	
	e./f. vice, i. vizio, s. vicio	
G, N	f. vivre, i. vivere, s. vivir Viktualienmarkt f. vif, i./s. vivo vital, Vitamin, f. vie, i. vita, s. vida	
		servum violare 100 den Sklaven misshandeln **fines hostium violare** das Gebiet der Feinde verwüsten **templum violare** den Tempel entehren **sacerdotem violare** den Priester beleidigen
	Voliere, f. voler, i. volare, s. volar	
	Evolution, Revolution, Revolver, Volvo	
	f. vous, i. voi	**patre vivo** 105 zu Lebzeiten des Vaters
	f. votre, i. vostro, s. vuestro	
O, Pl	Votum, e. vow, vote, f. vote, i./s. voto	**Nos multa nobiscum volvimus.** 110 Wir haben uns vieles überlegt. **volventibus annis** im Lauf der Jahre

115	**vōx**	**vōcis** *f*	Stimme, Äußerung, Laut
116	**vocāre**	**vocō**	(be)nennen, rufen
117	**convocāre**	**convocō**	versammeln
118	**revocāre**	**revocō**	zurückrufen
119	**vulgus**	**vulgī** *n*	die Leute (aus dem Volk), die große Masse, der Pöbel
120	**vulgō**	*Adv.*	allgemein, gewöhnlich
121	**vulnus**	**vulneris** *n*	Wunde, (milit.) Verlust
122	vulnerāre	vulnerō	verwunden, verletzen
123	**vultus**	**vultūs** *m*	Gesicht, Gesichtsausdruck
124	**vultūs**	**vultuum** *m Pl.*	Gesichtszüge

e. voice, f. voix, i. voce, s. voz

Vokal, Vokativ

f. convoquer, s. convocar

vulgär, s. vulgo

C, Ci

---

magnā voce 115
mit lauter Stimme

Vox me deficit.
Es verschlägt mir die Stimme.

unā voce
einstimmig

ad arma vocare 116
zu den Waffen rufen

deos vocare
die Götter anrufen

in ius vocare
vor Gericht laden

Gaium amicum vocare
Gajus (einen) Freund nennen

Vultus imago animi est. 123
Der Gesichtsausdruck ist
ein Spiegel der Seele. (Cicero)

**Demisso in terram vultu
Marcus diu tacuit.**
Den Blick auf den Boden gerichtet,
schwieg Markus lange.

Wichtige Regeln zur Wortbildung

Wenn man einige Regeln, nach denen lateinische Wörter gebildet sind, und die Bedeutung wichtiger Bildungselemente kennt, kann man oft auch nicht gelernte Vokabeln von bekannten herleiten, ihre Wortart bestimmen und die Bedeutung ermitteln.
Zahlreiche lateinische Wörter sind nämlich dadurch gebildet, dass der „Stamm" eines Wortes (z.B. -veni-, liber-) um ein Präfix (eine Vorsilbe, z.B. con-) oder ein Suffix (eine Nachsilbe, z.B. -tas) erweitert ist.

1. **Wichtige Suffixe und ihre Bedeutung:**

a) **Substantive:**

-tas	libertas	Freiheit	
-tudo	magnitudo	Größe	*Zustand oder*
-ia	superbia	Stolz	*Eigenschaft*
-itia	laetitia	Freude	
-or	timor	Angst	
-io	oratio	Rede	*Handlung*
-ium	incendium	Brand, Feuer	*oder Ergebnis*
-tus	adventus	Ankunft	
-mentum	monumentum	Denkmal	*Mittel oder Ergebnis*
-tor	imperator	Befehlshaber, Feldherr	*Handelnde Person*
-culus	avunculus	Onkel	*Verkleinerung*

b) **Adjektive:**

-ius	regius, a, um	königlich	*Herkunft oder*
-icus	Gallicus, a, um	gallisch	*Zugehörigkeit*
-osus	gloriosus, a, um	ruhmreich	*Fülle*
-alis	mortalis, e	sterblich	
-ilis	utilis, e	nützlich	*Eigenschaft*
-idus	cupidus, a, um	(be)gierig	
-bilis	incredibilis, e	unglaublich	*Möglichkeit*

c) **Verben:**

-tare/-tari	captare	fangen	*Verstärkung oder*
-itare	agitare	betreiben	*Wiederholung*
-scere/-sci	irasci	in Zorn geraten	*Beginn*

2. Wichtige Präfixe und ihre Bedeutung:

Als Präfixe treten in allen Wortarten oft Präpositionen auf, die – entsprechend ihrer Bedeutung – die Bedeutung des zusammengesetzten Wortes verändern, z. B. ab-ire weg-gehen.
Bei der Bildung eines zusammengesetzten Wortes können die Präfixe an den Anlaut des Grundwortes angeglichen werden (Assimilation), z. B. ad-ferre → afferre.

a) Präpositionen als Präfixe:
Die folgenden Beispiele zeigen wichtige Bedeutungen solcher Präfixe; die Beispiele der linken Spalte enthalten jeweils die Grundbedeutung:

ab-esse	ab-wesend sein	ab-ire	*weg-gehen*
ad-ire	heran-gehen	af-ferre	*herbei-bringen*
con-venire	zusammen-kommen	col-ligere	*sammeln*
de-scendere	herab-steigen	de-sperare	*ver-zweifeln*
ex-cedere	hinaus-gehen	e-ripere	*ent-reißen*
in-ducere	(hin)ein-führen	im-pellere	*an-treiben*
per-spicere	durch-schauen	per-turbare	*in Verwirrung bringen*
pro-gredi	vor-rücken	pro-ponere	*in Aussicht stellen*
sub-icere	unter-werfen	suc-cedere	*nachfolgen*

Manche Präfixe verstärken nur die Bedeutung des Grundwortes, z. B. **con**-firmare oder **per**-movere.

b) Andere Präfixe:

in-	in-certus	ungewiss	*Verneinung oder*
	in-iuria	Unrecht	*Gegenteil*
ne-	ne-scire	nicht wissen	
dis-	dis-cedere	auseinandergehen	*Trennung*
re-	re-petere	zurückverlangen	*Rückbezug,*
	red-ire	zurückkehren	*Rückwendung, Wiederholung*

Selten sind Zusammensetzungen, in denen das Präfix selbst ein Nomen oder Adverb ist, z. B. bene-ficium Wohltat, aedi-ficare bauen, iu-dicare urteilen.

Das Präfix in- bezeichnet bei Verben oft eine Richtung, bei Substantiven oder Adjektiven die Verneinung bzw. das Gegenteil.

Grundlagen der Wortkunde

Das mit dieser **adeo.Wortkunde** gebotene **erweiterte Basisvokabular** enthält – nach Wortfamilien gegliedert – die ca. 1250 Vokabeln von adeo-NORM und diejenigen Wörter aus adeo-Plus, die für mehrere Autoren relevant sind.

Somit liegen auch der vorliegenden Auswahl die statistischen Untersuchungen zugrunde, die im Rahmen des Projektes **"Bamberger Wortschatz"** stattfanden. Eine eingehende Erläuterung des Projektes "Bamberger Wortschatz" findet sich bei:

> Clement Utz: Mutter Latein und unsere Schüler – Überlegungen zu Umfang und Aufbau des lateinischen Wortschatzes. In: Peter Neukam (Hrsg.): Antike Literatur – Mensch, Sprache, Welt (Dialog. Klassische Sprachen und Literaturen XXXIV). München 2000. S. 146–172.

Im Folgenden werden nur die wesentlichen Daten und Ergebnisse vorgestellt:

1.
Das zugrundeliegende **Lektürecorpus** wurde durch eine genaue Analyse der Lehrpläne und Richtlinien sowie durch einen Abgleich der wichtigsten Textausgaben ermittelt.
Die folgende Übersicht listet (nach der Häufigkeit ihrer Erwähnung in den Lehrplänen) die Autoren, die Werke und die genauen Stellenangaben der in das Lektürecorpus eingegangenen Texte auf. In Klammern hinter den Autoren steht jeweils die Summe der Wortformen, die sich aus den angeführten Stellen ergibt; daraus lässt sich auch die Gewichtung der einzelnen Autoren untereinander ersehen:

Cäsar, Bellum Gallicum (24807)
   I 1-54 / II 15-27 / IV 1-36 / V 6-37 / VI 11-28 / VII 1-4; 12-22; 63-69; 77-78; 83-90

Cicero, Reden (17892)
   – Verres: II 3, 1-11; 207-228 / II 4, 1-18; 51-52; 60-68; 72-83; 105-123; 136-141 / II 5, 158-171
   – Catilina: I ganz / II 1-2; 17-23; 26-27 / III 1-5; 29

Ovid, Metamorphosen (8067)
   1, 1-4 (Proöm); 89-150 (Weltalter); 452-567 (Apoll u. Daphne); 748- 2, 328 (Phaethon); 4, 55-166 (Pyramus und Thisbe); 6, 146-312 (Niobe); 339-381 (Lykische Bauern); 8, 183-235 (Dädalus und Ikarus); 618-720 (Philemon und Baucis); 10, 1-77 (Orpheus und Eurydike); 14, 581-608 (Aeneas); 15, 745-879 (Caesar, Augustus, Epilog)
   Tristien 4,10

Nepos, Themistokles, Alcibiades, Hannibal (5864)

Plautus, Aulularia (6653)

Terenz, Adelphoi (8290)

Phädrus (3323)
I Prol.; 1-5, 7, 8, 10, 12, 13, 15, 21, 23-26, 31 / II 6-8 / III 1, 6, 7, 12, 14, 16 / IV 3, 4, 9, 10, 23, 25 / V 2, 5, 7 / App. 20

Plinius, Briefe (10682)
I 1, 9, 12, 13, 15, 16, 20 / II 17 / III 1, 5, 16 / IV 13 / V 8, 19 / VI 7, 16, 20 / VII 5, 19, 20 / VIII 16, 19, 22, 24 / IX 6, 7, 23, 36 / X 31, 32, 88, 89, 96, 97

Sallust (11051)
Catilina (ganz) / Jugurtha 41-42

Catull (3952)
1, 2, 3, 5-11, 13, 14, 22, 23, 26, 27, 29-31, 33-36, 38-41, 43-47, 49-55, 57, 58, 70, 72, 73, 75, 76, 79, 82-87, 92, 93, 95, 96, 98, 100-102, 105, 107, 109

Martial (3704)
I prol.; 1, 10, 15, 16, 19, 24, 29, 30, 33, 35, 38, 47, 59, 63, 79, 91, 95, 110, 117 / II 3, 7, 12, 20, 21, 35, 38, 53, 56, 58, 59, 66, 67, 80, 82, 87, 92, 93 / III 8, 9, 11, 38, 43, 51 / IV 8, 21, 24, 36, 41, 44, 56, 85 / V 13, 15, 29, 43, 45, 47, 58, 73, 81, 83 / VI 17, 55, 60, 63, 82 / VII 3, 73, 77, 81 / VIII 12, 13, 16, 20, 23, 27, 29-31, 69, 74, 79 / IX 10, 14, 15, 19, 68, 70, 78, 88, 97 / X 8, 18, 19, 35, 43, 47, 62 / XI 34, 38, 39, 64, 68, 77, 83, 92, 93, 101 / XII 12, 23, 39, 40, 45, 51, 56 / XIII 70, 74, 77, 126 / XIV 186, 190, 195, 208

Curtius (17763)
III 1, 5, 6, 12 / IV 1, 5, 6, 7, 10 / V 5, 7, 12 / VI 3 / VII 2, 5 / VIII 1, 2, 4, 5 / IX 3, 6, 13 / X 5

Gellius (7470)
I 19, 23 / II 7, 12, 29 / III 7, 8 / IV 18 / V 2, 3, 5, 9, 14, 16, 17 / VI 1 / VII 3 / IX 11 / X 12, 28 / XI 6, 9, 14, 18 / XII 7, 12 / XV 22 / XVI 19

Vergil, Aeneis (10964)
I 1-156, 223-304, 494-632 / II 1-267 / IV 1-705 / VI 81-97, 450-476, 679-892

Die Textmengen zu den einzelnen Autoren entsprechen in ihrem Umfang den geläufigen Schulausgaben oder gehen sogar darüber hinaus.

Mit 140 482 Wortformen ist der Gesamtumfang des untersuchten Corpus beträchtlich; er enthält nach Abzug der Belegstellen von Namen 7154 Lemmata, d. h. potenzielle Lernwörter.

2.
Wo liegt nun eine sinnvolle Grenze für einen **Grundwortschatz**, ein Basisvokabular, mit dem das Eintreten in den Lektüreunterricht möglich ist? Die communis opinio früherer Untersuchungen, dass mit einer Zahl von ca. 1000 Vokabeln unabhängig von Lektürecorpus etwa 80 % der jeweiligen Textmenge abgedeckt sind, ist in ihrer Tendenz zu bestätigen; freilich erscheint eine Zahl von „nur" 1000 Vokabeln für das doch recht breit gefächerte Lektürecorpus etwas gering.

Das folgende Diagramm zeigt für den „Bamberger Wortschatz" den Grad der Textabdeckung in Abhängigkeit von der Menge der Lernvokabeln:

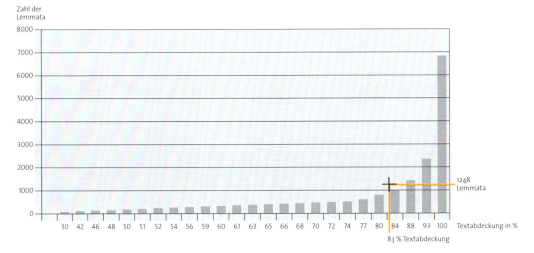

Das entscheidende Ergebnis ist am rechten Rand des Diagramms abzulesen: Mit einem **Basisvokabular von ca. 1250 Lernwörtern** sind bereits gut 83% unseres Textcorpus erfassbar.
Für die letzten 17% Textabdeckung wäre demnach die Kenntnis weiterer knapp 6000 Wörter erforderlich. Angesichts des relativ seltenen Vorkommens dieser weiteren Vokabeln erscheint ein Überschreiten der Zahl von 1248 Lernwörtern für einen Basiswortschatz nicht ökonomisch.
Die 1248 Wörter des Basisvokabulars sind Grundlage der Standardausgabe adeo-NORM und der adeo-Wörterliste.

3.
Die beschriebene Festlegung der Wortschatzzahlen auf ein reduziertes Basisvokabular für den Sprachlehrgang ist jedoch nur sinnvoll, wenn auch während des Lektüreunterrichts systematische Wortschatzarbeit betrieben wird. Dabei geht es neben der Sicherung des bereits bekannten Vokabulars vor allem um den gezielten Erwerb autorspezifischer Wörter und Wortverbindungen.
Daher wurde im Rahmen der Untersuchungen auch ermittelt, welche Anzahl von Vokabeln ergänzend erforderlich ist, um eine autorspezifische Textabdeckung von bis zu 90% zu erreichen. Dabei ergab sich folgendes Ergebnis:
Die **Ergänzungswortschätze** zu den untersuchten **Autoren** enthalten insgesamt **693 verschiedene Lemmata**, von denen immerhin 226 bei nur je einem Autor (dann aber relativ häufig) erscheinen; 467 Lemmata sind bei mehreren Autoren belegt.
Die Vokabeln dieser Autorenwortschätze finden sich in der Wortkunde adeo-PLUS. Sämtliche o.g. Autoren wurden dort einbezogen; wegen der zahlreichen Überschneidungen wurden in adeo-PLUS die Vokabeln zu Plautus und Terenz unter „Komödie" zusammengefasst.

4.
Die vorliegende **adeo.Wortkunde** wurde gezielt für die Wortschatzsicherung und -erweiterung während des Lektüreunterrichts der Mittelstufe (G8) bzw. Sekundarstufe I erarbeitet. Sie enthält insgesamt ca. 1600 Vokabeln:

- Das Basisvokabular aus adeo-NORM. Die 500 häufigsten Vokabeln sind auch hier **blau** gedruckt, die übrigen Wörter des Basisvokabulars stehen in **schwarzem** Fettdruck.
- Diejenigen Vokabeln aus adeo-PLUS, die bei wenigstens zwei der üblicherweise in der Mittelstufe (G8) bzw. Sekundarstufe I gelesenen Autoren auftreten; dabei wurden die Texte folgender Autoren aus obiger Gesamtliste erfasst: Cäsar, Cicero, Ovid, Nepos, Plautus, Terenz, Phädrus, Plinius, Catull, Martial, Gellius. Diese ca. 350 Wörter des Erweiterungsvokabulars stehen in schwarzem Normaldruck.

Die Wortkunde folgt dem **etymologischen Prinzip**, die Vokabeln sind also nach sog. Wortfamilien unter Leitwörtern aufgelistet, die wiederum alphabetisch angeordnet sind. Dadurch wird insofern verstehendes und ökonomisches Lernen gefördert, als die Zuordnung und Ableitung einzelner Wörter nach sprachlichen Kriterien verdeutlicht und zugleich semantische Zusammenhänge nachvollziehbar werden. Die beigefügten Regeln zur Wortbildung (S. 166 f.) sollen dies unterstützen.
Bei der Zusammenstellung der Wortfamilien und Setzung der Leitwörter galt das Bestreben, sprachwissenschaftliche Konsequenz und schülerorientierte Überschaubarkeit in einer sinnvollen Balance zu halten.

Als Lernhilfe und Brücke zur Lektüre dienen die auf jeder Seite rechts außen platzierten, reichhaltigen **Minikontexte**. Diese bieten gleichermaßen einfache (z. T. aus den Lehrbüchern bekannte) Wendungen zur Verdeutlichung grammatischer Eigenschaften oder semantischer Unterschiede, (vereinfachte) Kollokationen und Sätzchen aus den Autoren des o. g. Bezugscorpus sowie Sentenzen. Bei prägnanten Sentenzen wird auch der antike Autor (oder Sprecher) genannt, auf den die jeweilige Aussage im Wortlaut oder inhaltlich zurückzuführen ist. Die Minikontexte beschränken sich auf das Vokabular der **adeo. Wortkunde**.

Im Vorwort an die Schülerinnen und Schüler wird die Anlage dieser Wortkunde aus dem Blickwinkel der Benutzer genauer erläutert.

Id adeo, si placet, considerate! (Cicero)

Alphabetisches Register

A

ā/ab A 1
abdūcere D 71
abesse E 19
abīre I 46
ac A 9.10
accēdere C 53
accendere A 2
accidere C 3
accipere C 24
accūsāre C 47
ācer A 5
acerbus A 7
aciēs A 6
āctiō A 40
ad A 8
addere D 7
addūcere D 72
adeō I 75
adesse E 20
adhūc H 16
adicere I 2
adīre I 47
aditus I 48
adiungere I 91
admīrārī M 61
admīrātiō M 62
admittere M 68
admonēre M 30.31
adulēscēns A 53.54
adulēscentia A 55
adventus V 30
adversārius V 47.48
adversus V 44-46
aedificāre A 13
aedificium A 14
aedēs A 12
aedis A 11
aegrē A 17
aēneus A 26
aequāre A 20.21
aequor A 22
aequus A 18
āēr A 23
aes A 24
aes aliēnum A 25
aestās A 15
aestimāre A 27
aestus A 16
aetās A 29
aeternus A 30
aether A 31
aetherius A 32
afferre F 45
afficere F 8
affīnis F 72.73
age! A 35
ager A 33
agere A 34
aggredī A 44
agitāre A 42
agmen A 41
agnus A 49
āiō A 50
alere A 51
aliēnus A 59
aliquandō Q 44
aliquī adj. Q 27
aliquis subst. Q 26
aliter A 58
alius A 56
alius ... alius A 57
alter A 60
altus A 52
amāre A 61
ambō A 68
amīca A 64
amīcitia A 67
amīcus A 63
āmittere M 69
amnis A 69
amor A 62
amplitūdō A 71
amplus A 70
an A 72. 73
angustus A 74
anima A 76
animadvertere V 52.53
animus A 75
annus A 77
ante A 78.79
anteā A 80
antecēdere C 54
antīquus A 81
anus A 82
aperīre A 83
apertus A 84
appārēre P 21
appāret P 22
appellāre P 52.53
appetere P 72
apud A 85
aqua A 86
āra A 93
arbitrārī A 87
arbor A 88
arcessere A 89
arcus A 90
ārdēre A 91
argentum A 94
āridus A 92
arma A 95
armātus A 96
ars A 97
artus A 98
arx A 99
ascendere A 100
asinus A 102
asper A 103
aspicere S 129
astrum A 104
at A 105
āter A 108
atque A 9.10
ātrium A 109
attingere T 19
auctor A 118
auctōritās A 119
audācia A 111
audēre A 110
audīre A 114
auferre F 46
augēre A 117
aura A 122
aureus A 124
auris A 115
aurum A 123
auscultāre A 116
auspicium A 129
aut A 125
aut ... aut A 126
autem A 127
auxilia A 121
auxilium A 120
avāritia A 113
āvertere V 52
avidus A 112
avis A 128
avunculus A 131
avus A 130

B

bal(i)neum B 1
barbarus B 2.3
bāsium B 4
beātus B 5
bellum B 6
bellus B 7
bene B 12
beneficium B 13. F 7
bibere B 8
bis D 85
blandus B 9
bonum B 11
bonus B 10
bōs B 14
brevī (tempore) B 16
brevis B 15
brevitās B 17

C

cadere C 1
caedere C 7
caedēs C 8
caelum C 10
calamitās C 11
calidus C 14
cālīgō C 15

campus C 16
canere C 17
canis C 19
capere C 20
capillus C 37
captāre C 21
captīvus C 22.23
caput C 38
carēre C 40
cāritās C 43
carmen C 18
carpere C 41
cārus C 42
castra C 44
cāsus C 2
causa C 45
causā C 46
cavēre C 48
cēdere C 49
cēlāre C 62
celer C 67
celeritās C 68
cella C 63
cēna C 69
cēnāre C 70
cēnsēre C 71.72
centum C 73
cernere C 75
certāre C 80
certē C 78
certō C 78
certus C 77
cervīx C 82
cessāre C 50
cēterī C 83
cēterum C 84
cibus C 85
cingere C 86
cinis C 87
circiter C 89
circum C 88
circumdare C 90. D 6
circumvenīre C 91. V 31
citō C 92
cīvis C 96
cīvitās C 97
clādēs C 13

clam C 66
clāmāre C 98
clāmor C 99
clārus C 100
classis C 103
claudere C 104
cliēns C 106
cōgere A 37
cōgitāre A 43
cognātus G 17.18
cognōscere N 41.42
cohors C 107
colere C 108
colligere L 21
collis C 110
collocāre L 59
colloquī L 64
collum C 111
columba C 112
coma C 113
comes I 63
commemorāre M 37
committere M 70
commodum M 86
commodus M 85
commovēre M 108
commūnis M 117
comparāre P 8
comperīre P 64
complēre P 85
complūrēs P 90
compōnere S 107
comprehendere P 127
comprimere P 131
cōnārī C 114
concēdere C 55
concipere C 25
concupīscere C 153
condere D 8
condiciō D 43
condūcere D 73
cōnferre F 47
cōnficere F 9
cōnfīdere F 65
cōnfirmāre F 77
cōnfitērī F 30
congredī A 45

conicere I 3
coniungere I 92
coniūnx I 93
coniūrātiō I 99
cōnscius S 29.30
cōnscrībere S 32
cōnsequī S 64
cōnservāre S 77
cōnsīdere S 41
cōnsilium C 126
cōnsistere S 162
cōnspectus S 131
cōnspicere S 130
cōnstāre S 149.150
cōnstat S 151
cōnstituere S 158
cōnsuēscere C 115.116
cōnsuētūdō C 117
cōnsul C 118
cōnsulāris C 123.124
cōnsulātus C 125
cōnsulere C 119-121
cōnsultum C 122
cōnsūmere E 7
contemnere C 127
contendere T 33
contentus T 39
continēre T 37.38
contingere T 20
cōntiō V 33
contrā C 144.145
convenīre V 32
convertere V 55
convīvium V 107
convocāre V 117
cōpia O 20
cōpiae O 21
cōpiōsus O 22
cor C 128
cōram O 39
cornū C 129
corpus C 130
corripere R 2
corrumpere R 33
corvus C 131
cottīdiānus D 51
cottīdiē D 50

crās C 132
crēber C 134
crēdere D 9
crēscere C 133
crīmen C 135
cruciātus C 139
crūdēlis C 136
crūs C 137
crux C 138
cubiculum C 140
culpa C 142
cultus C 109
cum *Präp.* C 143
cum *Subj.* C 146.147
cūnctī C 148
cupere C 149
cupiditās C 152
cupīdō C 151
cupidus C 150
cūr C 154
cūra C 155
cūrāre C 156
cūria C 157
currere C 158
currus C 160
cursus C 159
custōdia C 163
custōdīre C 164
custōs C 162

D

damnāre D 1
dare D 2
dē D 19
dea D 35
dēbēre H 5
dēcēdere C 56
decem D 22
dēcernere C 76
decimus D 23
dēcipere C 26
dēclārāre C 102
decus D 24
dēdere D 11
dēdūcere D 74
deesse E 21

dēfendere D 28
dēferre F 48
dēficere F 10.11
deinde I 77
dēlectāre D 29
dēlēre D 31
dēliciae D 30
dēligere L 22
dēmittere M 71
dēmōnstrāre M 33
dēmum D 20
dēnique D 21
dēns D 32
dēnsus D 33
dēpellere P 48
dēpōnere S 108
dēportāre P 106
dērīdēre R 29
dēscendere A 101
dēserere S 72
dēsīderāre S 98
dēsīderium S 99
dēsinere S 104
dēspērāre S 141
deus D 34
dexter D 38
dextera D 39
dīcere D 40.41
dictum D 42
diēs D 47.48
differre F 49.50
difficilis F 5
dīgnitās D 27
dīgnus D 25
dīligēns L 24
dīligentia L 25
dīligere L 23
dīmicāre D 55
dīmittere M 72
dīrus D 56
discēdere C 57
discere D 61
disciplīna C 33
discrīmen C 81
dissimulāre S 52
dissolvere S 123
diū D 49

dīversus V 49
dīves D 57
dīvidere D 58
dīvīnus D 37
dīvus D 36
docēre D 59
doctus D 60
dolēre D 62
dolor D 63
dolus D 64
domesticus D 67
dominus D 66
domus D 65
dōnāre D 3
dōnum D 4
dōs D 5
dubitāre D 88.89
dubium D 87
dubius D 86
dūcere D 68.69
dulcis D 80
dum D 81.82
duo D 84
dūrus D 90
dux D 70

E

ē E 29
ecce E 1
ēdere D 12
ēdūcere D 75
efferre F 51
efficere F 12
effugere F 111
ego E 2
ēgredī A 46
ēgregius E 3
ēicere I 4
eiusmodī M 88
emere E 4
ēmittere M 73
enim N 3
eō I 73
eōdem I 70
epistula E 11
eques E 13

equester E 14
equidem Q 50
equitatus E 15
equus E 12
ergō R 18
ēripere R 3
errāre E 16
error E 17
esse E 18
et A 106
et ... et A 107
etenim N 4
etiam I 81.82
etiamsī S 87
etsī S 86
ēvenīre V 34
ex E 29
excēdere C 58
excipere C 27
excitāre C 93
exemplum E 9
exercēre E 32
exercitus E 33
exigere A 38
exilium E 34
eximius E 8
exīre I 50
exīstimāre A 28
exitium I 51
exitus I 51
expellere P 49
experīrī P 65
explicāre E 35
exsistere S 163
exspectāre S 138
exstinguere E 36
exter E 30
extrā E 31

F

fābula F 28
facere F 1
faciēs F 6
facilis F 4
facinus F 3
factum F 2

fallere F 17
falsus F 18
fāma F 27
famēs F 19
familia F 20
familiāris F 21.22
fānum F 23
fatērī F 29
fātum F 24
fauces F 32
faux F 31
favēre F 33
fax F 34
fēlix F 35
fēmina F 37
fera (bēstia) F 62
ferē F 79
ferre F 40
ferrum F 60
ferus F 61
fidēs F 63
fīdūcia F 64
fierī F 66
fīgere F 68
figūra F 75
fīlia F 39
fīlius F 38
fingere F 74
fīnīre F 71
fīnēs F 70
fīnis F 69
firmus F 76
flāgitium F 80
flamma F 81
flectere F 83
flēre F 84
flētus F 85
flūctus F 87
flūmen F 86
focus F 88
fōns F 89
forās F 91
forīs F 90
fōrma F 92
fōrmōsus F 93
forte F 41
fortis F 94

fortūna F 42
forum F 95
frangere F 96
frāter F 97
fraus F 98
frēnum F 78
frequēns F 100
frīgus F 101
frōns F 102.103
frūctus F 106
fruī F 104
frūmentārius F 108
frūmentum F 107
frūstrā F 99
frūx F 105
fuga F 110
fugere F 109
fundere F 112
fūnus F 113
fūr F 43
furor F 114
fūrtum F 44
futūrus F 67

G

gaudēre G 1
gaudium G 2
gemitus G 3
gener G 4
gēns G 9
genu G 5
genus G 8
gerere G 6
gīgnere G 7
gladius G 19
glōria G 20
grandis G 21
grātia G 23
grātīs G 24
grātus G 22
gravis G 25

H

habēre H 1.2
habitāre H 3
haerēre H 8
haud H 9
haurīre H 10
hercule(s) H 11
hērēs H 12
hīc H 14
hic, haec, hoc H 13
hiems H 18
hinc H 17
historia H 19
hodiē D 52
homō H 20
honestus H 25
honor / honōs H 24
hōra H 26
hortārī H 27
hospes H 29
hostis H 28
hūc H 15
hūmānitās H 23
hūmānus H 22
humus H 30

I

iacēre I 7
iactāre I 1
iam I 79
iānua I 8
ibi I 72
īdem I 69
identidem I 71
ideō I 74
idōneus I 9
igitur A 36
īgnārus N 44
ignis I 10
īgnōrāre N 45
īgnōscere N 43
īgnōtus N 38
ille I 11
illīc I 12
illinc I 14
illūc I 13
imāgō I 19
imitārī I 20
imminēre I 21
immō I 23
immortālis M 102
impedīre P 69
impellere P 50
imperāre P 17
imperātor P 18
imperium P 19
impetrāre P 34
impetus P 74
impius P 79
impōnere S 109
imprīmīs P 145
improbus P 152
impūne P 96
in I 24.25
inānis I 34
incēdere C 59
incendere A 3
incendium A 4
incertus C 79
incidere C 4.5
incipere C 28
inclūdere C 105
incohāre I 35
incolumis C 12
incommodum M 87
incrēdibilis D 10
incumbere C 141
inde I 76
indicāre D 44
indicium D 45
indīgnus D 26
indūcere D 76
īnfēlīx F 36
īnferī I 36
īnferre F 52
īnfestus I 37
īnflammāre F 82
ingenium G 10
ingēns G 11
ingredī A 47
inimīcus A 65.66
inīquus A 19
inīre I 52
initium I 53
iniūria I 96
inopia O 23
inquam I 39
īnsequī S 65
īnsidiae S 38
īnstāre S 152
īnstituere S 159
īnstruere I 40
īnsula I 41
intellegere L 26
inter I 26
interdum I 31
intereā I 30
interesse E 22
interest E 23
interficere F 13
interim I 29
interrogāre R 17
intrā I 27
intrāre I 28
intrō I 32
intuērī T 72
intus I 33
invenīre V 35
invidēre V 74
invidia V 75
invītāre V 21
invītus V 20
ipse I 68
īra I 42
īrāscī I 43
īre I 44
is I 66
iste I 67
istic I 87
ita I 83
itaque I 84
item I 85
iter I 45
iterum I 86
iubēre I 88
iūcundus I 104
iūdex I 100
iūdicāre I 102
iūdicium I 101
iugum I 89
iungere I 90
iūrāre I 97
iūs I 94

iūs iūrandum I 98
iūstus I 95
iuvāre I 103
iuvenis I 105.106
iuventūs I 107

K

Kalendae K 1

L

labor L 1
labōrāre L 2.3
lacrima L 4
lacrimāre L 5
lacus L 6
laedere L 7
laetitia L 9
laetus L 8
laniāre L 10
latēre L 11
latus L 13
lātus L 12
laudāre L 15
laus L 14
lavāre L 16
lectus L 17
lēgātiō L 35
lēgātus L 34
legere L 18
legiō L 19
leō L 30
lepidus L 31
levis L 32
lēx L 33
libellus L 37
libēns L 43
liber L 36
līber L 38
līberāre L 40
līberī L 39
lībertās L 41
libet L 42
libīdō L 44
licentia L 46
licet L 45

lignum L 20
lingua L 49
linquere L 50
liquor L 53
littera L 54
litterae L 55
lītus L 56
locāre L 58
locuplēs L 60
locus L 57
longinquus L 62
longus L 61
loquī L 63
lūctus L 65
lūdere L 66
lūdus L 67
lūmen L 69
lūx L 68

M

magis M 5
magister M 6
magistrātus M 7
magnitūdō M 2
magnus M 1
māior M 3
māiōrēs M 4
male M 12
mālle V 24
malum M 11
malus M 10
mandāre M 17
manēre M 13.14
manifestus I 38. M 18
manus M 16
mare M 19
marītus M 20
māter M 21
māteria M 22
mātūrus M 23
maximē M 9
maximus M 8
mēcum M 48
medicus M 89
medius M 24
membrum M 25

meminisse M 26
memor M 34
memorāre M 36
memoria M 35
mēns M 27
mēnsis M 40
mercēs M 41
merēre M 42
meretrīx M 44
merīdiēs D 54
meritō M 43
metuere M 46
metus M 45
meus M 47
mīles M 49
mīlitāris M 50
mīlle M 51.52
minimē M 56
minimus M 55
minor M 53
minus M 54
mīrārī M 60
mīrus M 59
miscēre M 63
miser M 64
miseria M 65
mītis M 66
mittere M 67
modo M 80
modo ... modo M 81
modus M 79
moenia M 90
molestus M 95
mōlīrī M 94
mollis M 96
monēre M 28.29
mōns I 22
monumentum M 32
mora M 38
morārī M 39
morbus M 103
morī M 97
mors M 99
mortālis M 100.101
mortuus M 98
mōrēs M 105
mōs M 104

mōtus M 107
movēre M 106
mox M 110
mulier M 111
multitūdō M 115
multō M 113
multum M 114
multus M 112
mūnīre M 91
mūnītiō M 92
mūnus M 116
mūrus M 93
mūtāre M 118
mūtuus M 119

N

nam N 1
namque N 2
narrāre N 46
nāscī G 12
nāta G 14
nātiō G 15
nātūra G 16
nātus G 13
nāvis N 5
-ne N 6.7
nē N 8-10
nē ... quidem N 11. Q 49
nec N 12
nec ... nec N 14
necāre N 24
necessārius C 52
necesse (est) C 51
nefārius F 26
nefās F 25
negāre N 17
neglegere L 27
negōtium O 42
nēmō H 21
nepōs N 22
neque N 13
neque ... neque N 15
nēquīquam Q 58
nequīre I 65
nescīre S 28
neu N 16

176

nēve N 16
nex N 23
nī N 21. S 95
niger N 26
nihil N 18
nīl N 18
nimis M 58
nimium M 58
nimius M 57
nisi N 19.20. S 93.94
nītī N 27.28
nitidus N 29
nōbilis N 39
nōbilitās N 40
noctū N 51
nocturnus N 52
nōlle V 25
nōmen N 30
nōmināre N 31
nōn U 21
nōn iam I 80
nōn modo ... sed etiam M 82
non sōlum ... sed etiam S 121
nōndum D 83
nōndum U 24
nōnnūllī U 23
nōnus N 48
nōs N 32.33
nōscere N 35
nōsse N 36
noster N 34
nōtus N 37
novem N 47
nōvisse N 36
novus N 49
nox N 50
nūbere N 53
nūbēs N 55
nūdus N 56
nūllus U 22
num N 57. 58
nūmen N 61
numerus N 62
nummī N 64
nummus N 63

numquam Q 46
nunc N 59
nūntiāre N 66
nūntius N 65
nūper N 60
nūptiae N 54
nusquam Q 47

O

ō(h) O 1
ob O 2
obicere I 5
oblīvīscī O 3
obscūrus O 4
obsecrāre S 5
obsequī S 66
obses S 39
obstāre S 153
obtinēre T 40
obviam V 67
occidere C 6
occīdere C 9
occultē C 65
occultus C 64
occupāre C 34
occupātus C 35
occurrere C 161
oculus O 5
ōdisse O 6
odium O 7
offerre F 53
officium O 27
ōlim I 15
omittere M 74
omnīnō O 10
omnēs O 9
omnis O 8
onus O 11
opera O 26
opīnārī O 13
opīniō O 12
oportet O 15
oppidum O 16
opportūnus P 107
opprimere P 132
oppūgnāre P 171

opēs O 18
ops O 17
optāre O 14
optimus O 19
opus O 24
opus est O 25
ōra O 38
ōrāculum O 30
ōrāre O 28
ōrātiō O 29
orbis O 31
ōrdō O 32
orīrī O 35
ōrnāre O 33
ōrnātus O 34
ōs O 36
ōsculum O 37
ostendere T 34
ōtiōsus O 41
ōtium O 40

P

pactum P 1
paene P 3
palam P 4
palūs P 5
pār P 6
parāre P 16
parcere P 9
parcus P 10
parēns P 12
parentēs P 13
parere P 11
pārēre P 20
paries P 23
pariter P 7
pars P 24
partim P 25
parum P 27
parvus P 26
pāscere P 28.29
passus P 36
pater P 30
patēre P 35
patī P 37
patrēs (cōnscrīptī) P 31

patria P 33
patrius P 32
paucī P 38
paulātim P 39
paulō P 40
paulum P 41
pauper P 14
pāx P 2
peccāre P 42
pectus P 43
pecūnia P 45
pecus P 44
pelagus P 46
pellere P 47
penātēs P 61
pendere P 57
pendēre P 54.55
penitus P 60
penna P 76
per P 62
peragere A 39
perdere D 13
perditus D 14
perferre F 54
perficere F 14
pergere R 14
perīculum P 66
perīre I 54
perītus P 63
permittere M 75
permovēre M 109
perniciēs N 25
perpetuus P 75
persequī S 67
persōna P 67
perspicere S 132
persuādēre S 171-173
perterrēre T 47
pertinēre T 41
perturbāre T 77
pervenīre V 36
pēs P 68
pessimus P 70
petere P 71
piscis P 77
pius P 78
placēre P 80

placet P 81
placidus P 82
plānē P 83
plēbs P 93
plēnus P 84
plērīque P 86
plērumque P 87
plūrimī P 91
plūrimum P 92
plūrēs P 89
plūs P 88
poena P 94
poēta P 97
pollicērī L 48
polus P 98
pondus P 56
pōnere S 105
pōns P 99
pontus P 100
populus P 101
porta P 103
portāre P 105
portus P 104
pōscere P 137
positus S 106
posse E 24. P 119
possidēre S 37
post P 108.109
posteā P 110
posteāquam P 111
posterī P 113
posterus P 112
postquam P 116
postrēmō P 115
postrēmus P 114
postrīdiē D 53
pōstulāre P 138
pote est P 123
potēns P 120
potentia P 121
potestās P 122
potior P 117
potius P 118
praebēre H 6
praeceps C 39
praecipere C 29
praeclārus C 101

praeda P 129
praedicāre D 46
praeesse E 25
praeferre F 55
praemittere M 76
praemium E 10
praesēns E 26
praesertim (cum) S 74
praesidium S 40
praestāre S 154.155
praeter P 124
praetereā P 125
praeterīre I 55
praetor I 56
precārī P 136
prehendere P 126
premere P 130
pretium P 134
prex P 135
prīmō P 143
prīmum P 144
prīmus P 142
prīnceps P 146
prior P 139
prīstinus P 147
prius P 140
priusquam P 141
prīvātus P 148.149
prō P 150
probāre P 153
probus P 151
prōcēdere C 60
procul P 154
prōdere D 15
prōdesse E 27
prōdīre I 57
prōdūcere D 77
proelium P 155
profectō F 16
prōferre F 56
proficīscī F 15
prōgredī A 48
prohibēre H 4
proinde I 78
prōmittere M 77
prōnūntiāre N 67
prope P 156

properāre P 163
propinquus P 159.160
propius P 157
prōpōnere S 110
propter P 161
propetereā P 162
prōrsus V 50
prōspicere S 133
prōtinus T 44
prōvidēre V 76-78
prōvincia P 164
proximus P 158
prūdentia V 79
pūblicus P 102
pudet P 165
pudor P 166
puella P 168
puer P 167
pūgna P 170
pūgnāre P 169
pulcher P 172
pullus P 173
pūmex P 174
pūnīre P 95
purpureus P 175
putāre P 176.177

Q

quā Q 63
quaerere Q 1.2
quaesere Q 3
quaestor Q 4
quālis Q 28
quam Q 36.37
quamdiu Q 38.39
quamobrem Q 40
quamquam Q 41.42
quamvīs V 22.23
quandō Q 43
quantō ... tantō Q 30
quantus Q 29
quāpropter Q 64.65
quārē Q 66.67
quārtus Q 7
quasi S 89.90
quattuor Q 6

-que Q 8
quemadmodum M 83
querī Q 9.10
quī Q 11.12.54
quia Q 53
quīcumque Q 24
quid? Q 14
quīdam Q 15.16
quidem Q 48
quiēscere Q 68
quīn Q 55-57
quīnque Q 69
quīntus Q 70
quippe Q 51
quīre I 64
quis? Q 13
quisnam Q 17
quispiam Q 18
quisquam Q 19
quisque Q 20.21
quisquis Q 22.23
quīvīs Q 25
quō Q 59-60
quō ... eō Q 61
quod Q 52
quōmodo M 84
quondam Q 34
quoniam Q 35
quoque Q 62
quot Q 31.32
quotiēns Q 33

R

rapere R 1
rārō R 5
rārus R 4
ratiō R 22
recēns R 6
recipere C 30
recitāre C 94
rēctē R 9
rēctus R 8
recuperāre C 36
reddere D 16.17
redīre I 58
redūcere D 78

referre F 57
refert F 58
regere R 7
regiō R 13
rēgius R 11
rēgnum R 12
religiō L 28
religiōsus L 29
relinquere L 51
reliquus L 52
remanēre M 15
remittere M 78
repellere P 51
repente R 19
repentīnus R 20
reperīre P 15
repetere P 73
reprehendere P 128
reprimere P 133
requīrere Q 5
rērī R 21
rēs R 23
rēs gestae R 24
rēs pūblica R 25
resistere S 164
respicere S 134
respondēre R 27
restāre S 156
restituere S 160
retinēre T 42
reus R 26
revertī V 56
revocāre V 118
rēx R 10
rīdēre R 28
rīpa R 30
rogāre R 16
ruere R 31
rumpere R 32
rūrsus V 51
rūs R 34
rūsticus R 35.36

S

sacer S 1
sacerdōs S 4
sacrificium S 3
sacrum S 2
saeculum S 7
saepe S 8
saevus S 9
saltus S 10
salūs S 12
salūtāre S 13
salvus S 11
sanctus S 6
sānē S 16
sanguis S 14
sānus S 15
sapere S 17
sapiēns S 18
sapientia S 19
satiāre S 21
satis S 20
saxum S 22
scelerātus S 25.26
scelus S 24
scīlicet L 47
scīre S 27
scrībere S 31
se praebēre H 7
sē recipere C 31
sēcum S 33
secundus S 63
sed S 34
sedēre S 35
sēdēs S 36
seges S 42
semel S 43
semper S 44
senātor S 55
senātus S 54
senex S 53
sēnsus S 58
sententia S 57
sentīre S 56
septem S 59
septimus S 60
sepulcrum S 61
sequī S 62
sermō S 71
serpēns S 70
sērus S 75
servāre S 76
servīre S 79
servitūs S 80
servus S 78
seu S 84
sevērus V 61
sex S 81
sī S 82
sīc S 91
siccus S 96
sīcut S 92. U 11
sīdus S 97
sīgnum S 23
silentium S 100
silva S 101
similis S 48
simplex S 45
simul S 49.50
simulācrum S 51
sīn S 83
sine S 102
sinere S 103
singulāris S 47
singulus S 46
sinister S 111
sinistra S 112
sinus S 113
sistere S 161
sitis S 114
sīve S 85
societās S 69
socius S 68
sōl S 115
sōlācium S 116
solēre S 117
sollicitāre C 95
solum S 118
sōlum S 120
sōlus S 119
solvere S 122
somnus S 124
soror S 125
sors S 73
spargere S 126
spatium S 127
speciēs S 128
spectāre S 137
spērāre S 140
spēs S 139
spīritus S 142
spoliāre S 143
sponte S 144
stāre S 145
statim S 146
statua S 148
statuere S 157
status S 147
strenuus S 165
studēre S 166.167
studium S 168
stultus S 169
suādēre S 170
sub S 174.175
subdūcere D 79
subicere I 6
subīre I 59
subitō I 61
subitus I 60
succēdere C 61
sūmere E 5
summa S 183
summus S 182
sūmptus E 6
super S 176-178
superāre S 185
superbia S 187
superbus S 186
superesse E 28
superī S 179
superior S 180
supplex S 188
supplicium S 189
suprā S 184
suprēmus S 181
surgere R 15
suscipere C 32
suspendere P 58
suspēnsus P 59
suspicārī S 135
suspīciō S 136
sustinēre T 43
suus S 190

T

tabula T 1
tacēre T 2
tacitus T 3
talentum T 4
tālis T 14
tam T 5
tam ... quam T 6
tamen T 7
tametsī S 88
tamquam T 8.9
tandem T 10.11
tangere T 18
tantum T 13
tantus T 12
tēctum T 22
tēcum T 70
tegere T 21
tēlum T 24
temperāre T 29-31
tempestās T 28
templum T 25
temptāre T 26
tempus T 27
tendere T 32
tenebrae T 35
tenēre T 36
tergum T 45
terra T 56
terrēre T 46
tertius T 61
testis T 64
theātrum T 48
timēre T 49
timidus T 50
timor T 51
toga T 23
tollere T 52
tormentum T 54
torquēre T 53
torrēre T 55
tot T 17
tōtus T 57
trādere D 18
trahere T 58
trānsferre F 59
trānsīre I 62
trecentī C 74. T 63
tremor T 59
trēs T 60
tribuere T 66
tribūnus T 65
trīgintā T 62
trīstis T 67
tū T 68
tuērī T 71
tum T 15
tumulus T 74
tunc T 16
turba T 75
turbāre T 76
turpis T 78
turris T 79
tūtus T 73
tuus T 69

U

ubi U 1.2
ūllus U 20
ultimus I 16
ultrō I 17
ultrō citrōque I 18
umbra U 12
umerus U 13
umquam Q 45
ūnā U 17
unda U 14
unde U 3
undique U 4
ūniversus U 18.19
ūnus U 15.16
urbs U 25
ūrere U 26
ūsque U 27-29
ūsus U 33
ut U 7-9
uterque U 5
ūtī U 30
ūtilis U 31
ūtilitās U 32
utinam U 10
utrum U 6
uxor U 34

V

vagārī V 1
valēre V 2
vānus V 3
varius V 4
vās V 5
vāsa V 6
vāstus V 7
vātēs V 8
-ve V 9
vehemēns V 12
vehere V 10
vehī V 11
vel V 15
vel ... vel V 16
velle V 14
velut V 17
vendere V 26
venēnum V 27
venia V 28
venīre V 29
ventus V 37
verberāre V 38
verbum V 39
verērī V 40
vērō V 59
versārī V 57
versus V 42
vertere V 41
vertex V 43
vērum V 60
vērus V 58
vester V 113
vestīgium V 62
vestis V 63
vetāre V 64
vetus V 65
vexāre V 13
via V 66
vīcīnus V 69.70
victor V 85.86
victōria V 87
vīctus V 104
vīcus V 68
vidēre V 72
vidērī V 73
vigilāre V 81
vigilia V 82
vīgintī V 83
vīlla V 71
vincere V 84
vincīre V 88
vincula V 90
vinculum V 89
vindicāre V 91.92
vīnum V 93
violāre V 100
vir V 94
virgō V 97
virtūs V 95
virtūtēs V 96
vīrēs V 99
vīs V 98
vīsere V 80
vīta V 106
vītāre V 101
vitium V 102
vīvere V 103
vīvus V 105
vix V 108
vocāre V 116
volāre V 109
voluntās V 18
voluptās V 19
volvere V 110
vōs V 111.112
vōtum V 114
vōx V 115
vulgō V 120
vulgus V 119
vulnerāre V 122
vulnus V 121
vultus V 123
vultūs V 124

180